Satisfaction, fidélité et expérience client

FONCTIONS de L'ENTREPRISE

marketing
communication

Satisfaction, fidélité et expérience client

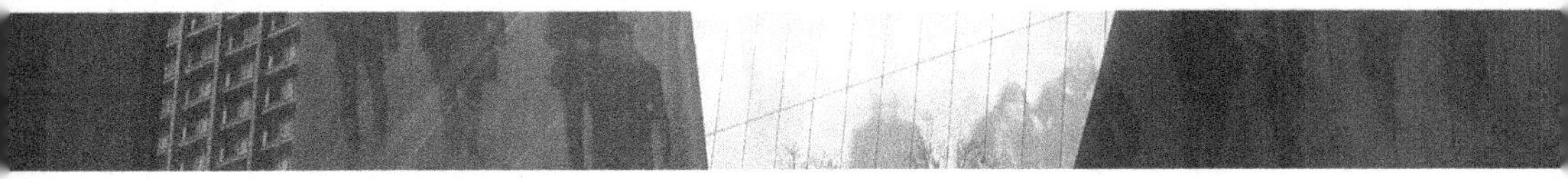

Être à l'écoute de ses clients pour une entreprise performante

Christian BARBARAY

DUNOD

Maquette intérieure : Catherine Combier et Alain Paccoud

Couverture : Didier Thirion/Graphir Design

Photos couverture : JHMatten-fotolia.com

Mise en pages : Nord Compo

11 rue Paul Bert, 92247 Malakoff
www.dunod.com

ISBN 978-2-10-074310-0

Table des matières

Avant-propos

Finies les Trente Glorieuses, fini le temps où tout le monde pouvait choisir la couleur de sa voiture pourvu qu'elle soit noire (Henri Ford). Nous sommes passés d'une période où les produits étaient rares à une époque où ce sont les clients qui sont rares, d'une société de consommation à une société considération où le client est devenu le maître du jeu.

En ces années 2010, la crise économique, la société d'abondance, la surconsommation, le suréquipement, la puissance de communication, de séduction et de volatilité d'Internet et du Web obligent les entreprises à devenir de plus en plus agiles pour retenir leurs clients.

Fini le temps « de la chasse » où il suffisait de se pencher pour cueillir de nouveaux clients. Nous sommes maintenant « au temps de l'élevage » où les clients chèrement acquis doivent être entendus, servis, écoutés, cajolés par des entreprises qui doivent sans cesse innover et développer des politiques de « *customer care* ».

La théorie des 4 P du marketing doit être revue sérieusement et être complétée par un 5e P : « *People* », c'est-à-dire les clients et les collaborateurs. Le « marketing client » est donc devenu une discipline à part entière dans les sciences économiques et de gestion depuis moins de 20 ans.

Les dirigeants sont traditionnellement focalisés sur la part de marché, la croissance et la rentabilité. Ce ne sont pas de vaines obsessions, mais elles le seront si ces mêmes dirigeants ne mettent pas le client au cœur du projet de leur entreprise.

Mon expérience de plus de 30 ans comme conseil auprès de grandes et de moins grandes entreprises m'a permis de partager la vision de nombreux dirigeants, de vivre à leurs côtés les difficultés pour faire passer leurs organisations de « *techno centric* » ou « *ego centric* » à « *customer centric* ». Je mène depuis des années une veille active sur le thème de la fidélité et de l'expérience client qui est une discipline très riche, vivante et en pleine évolution. Je reçois et partage cet intérêt avec des milliers d'hommes et de femmes passionnés dans le monde entier (dont beaucoup sont aux États-Unis !).

Je tiens un blog[1] depuis 2010 sur la satisfaction, la fidélité et l'expérience client ; il doit contenir plus d'un millier d'articles. Il m'a donc paru intéressant, à l'aube des 20 ans de ma société, d'envisager la publication d'un ouvrage qui regrouperait les principaux billets que j'ai rédigés dans un ordre logique et plus pédagogique, enrichi de nombreux apports méthodologiques et pratiques.

J'ai voulu un ouvrage dans lequel les praticiens trouveront l'inspiration, la confiance et les arguments nécessaires à convaincre leurs dirigeants du rôle vital de la qualité de l'expérience client dans la solidité des comptes d'exploitation et dans l'avenir de leurs business plans, mais aussi un ouvrage dans lequel les étudiants, futurs praticiens, trouveront des clés pour s'insérer efficacement dans des entreprises et les faire entrer de plein pied dans l'économie de l'expérience client.

Les grands hommes : anciens et actuels

Vous trouverez dans ce livre quelques présentations d'hommes et de femmes, d'hier et d'aujourd'hui, qui ont apporté leur pierre à l'édifice de la qualité perçue et de l'expérience client.

Ces rubriques revêtent trois formes :

- Les grands anciens : il s'agit des portraits des pères fondateurs de la discipline qui nous permettent de prendre conscience que l'étude de la relation client n'est pas un phénomène de mode passager.
- Les experts contemporains : il s'agit d'hommes et de femmes actifs sur le plan académique ou professionnel. Ils font avancer notre science à l'aube du digital, de la mondialisation, de la société de consommation, de partage et de crise que nous connaissons.
- Les praticiens : il s'agit de témoignages d'hommes et de femmes responsables d'entreprises, clients ou relations qui m'ont fait l'amitié de participer à cet ouvrage via un billet. Je les en remercie, sans eux cet ouvrage n'aurait pas eu de chair et de vie.

Ces hommes et femmes sont présentés tout au long de cet ouvrage, sous le thème qui les concerne lorsque cela est le cas.

Les témoignages des praticiens figurent tous au long de l'ouvrage comme des respirations (ou comme des inspirations). Ne cherchez pas de relation entre leur présence et les thèmes qui les précèdent ou qui les suivent. S'il y en a une, c'est l'effet du hasard et de ma bonne fée...

1 « Sat & Fid : le blog de la Satisfaction et de l'Expérience Clients », blog.init-marketing.fr.

Introduction

Executive summary

- **Le client** est la personne la plus importante pour toute entreprise, de nombreux termes existent pour parler des enjeux qu'il représente, parmi ceux-ci la satisfaction et la fidélité sont les plus importants, mais parle-t-on bien de la même chose ?
- **Les clients et l'entreprise**, un grand malentendu qui mélange les futurs et les anciens clients avec les futurs et les anciens produits. Un peu de classement ne nuit pas à l'efficacité.
- **Comment mesurer** la fidélité des clients et faire la distinction entre le comportement déclaratif et rationnel et le comportement réel, plus affectif et émotionnel ?

Le mot « client » est-il un gros mot ?

Introduisons ce livre sérieux par une page légère : l'inventivité de certains métiers pour ne pas prononcer le mot « client » est impressionnante.

Voici ci-dessous une liste de onze professions, loin d'être exhaustive...

Pour...	Vous êtes...
Un cinéma	Une entrée
Une compagnie aérienne	Un passager
Un hôtelier	Une chambre
Un médecin	Un patient
La Sécurité sociale	Un matricule
Une administration	Un usager
Un restaurant	Un couvert
Un coiffeur	Une coupe
Un taxi	Une course
Un avocat	Un dossier avant de devenir une affaire
Une compagnie d'assurance	Un assuré, puis un risque et enfin un sinistre

Quel mot employez-vous pour ne pas dire « client » ?

Au-delà de l'exercice amusant, on peut se poser la question : pourquoi nommer la prestation, le service (un couvert, une coupe) et pas l'individu, la personne ?

C'est le premier pas vers une survalorisation technique et la négation de la relation, de l'échange et de l'humain. C'est tenir l'individu à distance. Ne pas considérer l'homme dans la relation et dans son rôle de client, c'est vouloir affirmer une supériorité du produit ou de la prestation technique et ne pas se remettre en cause dans l'écoute des besoins et des attentes des clients, à chaque fois différents.

Un client, c'est changeant, versatile et volatile. « Un dossier c'est solide, je sais ce qu'il faut mettre dedans ! » Il faut cesser de croire que l'on est dans un marché B to B ou B to C. Nous appartenons tous au même marché : H to H (*Human to Human*). Nous sommes des humains qui avons des relations avec d'autres humains !

Les grandes définitions

Tout livre commence par la définition du sujet étudié, je vais donc me livrer à cet exercice.

La satisfaction

Pour avoir lu beaucoup d'ouvrages de chercheurs ou de praticiens, reconnaissons qu'il n'existe pas de définition unique de ce concept mais plusieurs idées qui évoluent autour des mêmes thèmes :

- Je vais tout d'abord retenir celle de France Qualité Publique dans son ouvrage de 2004 auquel j'ai eu l'occasion de participer : « la satisfaction est un jugement de valeur qui résulte de la confrontation entre le service perçu et le service attendu. »
- Je compléterai par la définition de Sylvie Llossa, publiée dans sa thèse de 1997 et reprise de certains de ses travaux : « la satisfaction est fondée sur une comparaison de la performance perçue du service avec un standard préétabli ».
- Je terminerai par une des premières définitions historiques d'Yves Evrard en 1993 (notre métier est né dans les années 1990) : « la satisfaction est un état psychologique consécutif à une expérience de consommation ».

Le point commun de ces définitions est « la bonne réponse aux attentes des clients ». La difficulté vient donc de la définition de ces attentes.

Les attentes

Il existe des produits ou services sur lesquels nous avons une réelle maturité, une vraie expérience et pour lesquels nous « attendons » nécessairement quelque chose de précis. Mais il existe beaucoup d'autres produits ou services pour lesquels nous n'avons pas formulé d'attentes *a priori* et où celles-ci seront implicites (bien manger dans un restaurant, bien dormir dans un hôtel). La satisfaction va donc prendre corps autour des « bonnes et mauvaises surprises » qui vont accompagner une expérience de consommation d'un produit ou d'un service.

En ce sens, les études de satisfaction ne sont pas des études d'opinions, ce sont vraiment des études d'expérience. L'enjeu sera de savoir quels sont les éléments qui ont influencé une « bonne ou une mauvaise expérience qui a abouti à une bonne ou une mauvaise satisfaction ». Ces attentes seront donc :

- subjectives : c'est le client et lui seul qui définit les standards.
- individuelles : chaque client aura des attentes différentes.
- changeantes : en fonction des circonstances ou des événements. Le jour où je suis pressé n'est pas le même que le jour où j'ai le temps.
- évolutives : mon degré de maturité face à un service ou un produit déplace mes attentes, mon apprentissage me rend plus compétent et donc plus exigeant.
- comparatives : mes attentes vont toujours tenir compte des performances du marché, de vos concurrents directs et indirects.

La fidélité

La fidélité client est le résultat d'une attitude favorable d'un individu à une marque (un produit ou un service) qui se traduit par des achats répétés. Il existe en fait deux types de fidélité client :

- de conviction : la préférence exprimée après expérience et comparaison des offres concurrentes ;
- de paresse : qui s'alimente de trois courants :
  - inertie : on se contente d'avoir trouvé un produit satisfaisant, la recherche du « mieux » ne mérite pas de temps et d'énergie ;
  - peur du risque : ne pas perdre une solution « acceptable » et risquer de faire une erreur en changeant, la crainte de perdre est plus forte que la possibilité de gagner ;
  - platitude : tout se vaut, aucune supériorité reconnue au produit ou à la marque, ré-achat de routine et d'habitude, fidélité par inertie.

On peut également distinguer :

- la fidélité exclusive : tous les produits de la catégorie ne sont achetés que chez un seul fournisseur ;
- la fidélité partagée : les produits services sont repartis entre plusieurs fournisseurs. On parle dans ces cas de « part de portefeuille ». L'enjeu consiste à essayer d'être le premier fournisseur chez son client et de devenir le fournisseur préféré...

La mesure de la fidélité

La fidélité des clients peut être mesurée par la fréquence de ré-achat des produits et services. Ceci est accessible en B to B ou sur des marchés « avec fichiers clients » dans lesquels chaque transaction peut être enregistrée.

Dans les autres marchés, seuls les études de marché et les sondages permettent de connaître le taux de fidélité des clients. On peut distinguer deux concepts :

- la fidélité « déclarée » ou l'intention d'acheter un produit ou un service de l'entreprise à la prochaine occasion : « si demain... » ;
- la fidélité « prouvée » par l'analyse du comportement d'achat historique : « au cours des dernières semaines... ».

Le lecteur trouvera dans cet ouvrage un chapitre consacré à la mesure de la fidélité des clients et à ses particularités.

Clients et produits d'aujourd'hui et de demain

Une entreprise est une matrice à quatre cases :

- les clients d'aujourd'hui ;
- les clients de demain (prospects) ;
- les produits/services d'aujourd'hui ;
- les produits/services de demain.

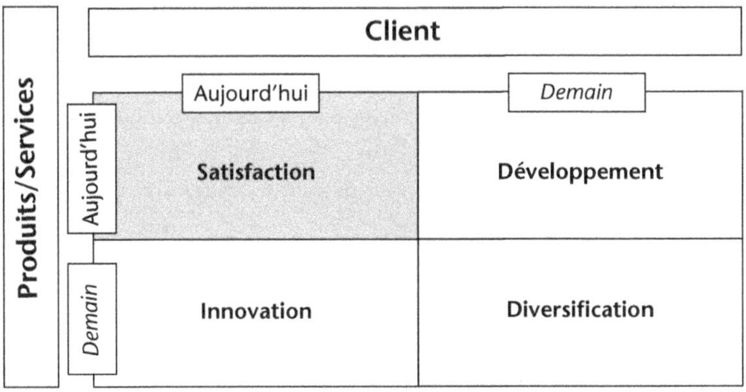

Figure 1 – Le périmètre des études de satisfaction

- La mesure de la satisfaction client doit s'efforcer de rester dans le premier carré : nos produits/services d'aujourd'hui auprès de nos clients d'aujourd'hui. L'exercice consiste à définir le « bon » périmètre des questions et des sujets qui doivent entrer dans une « bonne » mesure de satisfaction clients.
- Vouloir trouver des clients de demain pour nos produits/services d'aujourd'hui, relève du développement commercial, de la responsabilité des commerciaux et des marketeurs. Les études à mener sont des études de notoriété (sommes-nous connus ?), des études d'image (que pense-t-on de nous ?) ou éventuellement de performance concurrentielle (sur quoi sommes-nous meilleurs ; moins bons ?) mais non des études de satisfaction !
- Vouloir trouver des produits/services de demain pour nos clients d'aujourd'hui, relève du domaine de l'innovation, du rôle des marketeurs (encore eux), des services études et de votre service de veille. N'attendez pas d'une étude de satisfaction qu'elle vous donne les réponses à ce type de question. Vous pourrez sans doute y trouver des pistes « d'améliorations » sur vos produits/services existants, mais la véritable innovation viendra d'autres types d'études (créatives, qualitatives) et non des études de satisfaction !

- Vouloir trouver des produits/services de demain pour nos clients de demain relève du domaine de la diversification et souvent du ressort de la direction générale et des marketeurs (toujours eux). C'est bien entendu le carré le plus risqué, le plus inconnu et en aucun cas une étude de satisfaction n'apportera la moindre réponse à ce type de projet.

Vouloir garder ses clients d'aujourd'hui en optimisant sans cesse les produits et services d'aujourd'hui, voilà LE domaine de la mesure de la satisfaction.

Lors de la prochaine réunion de réflexion autour de votre projet de mesure de satisfaction client, de réflexion sur votre questionnaire, demandez-vous « dans quelle case » se situe cette demande, quelle est la nature de ces questions. Si vous sortez de la case 1, rappelez-vous votre premier objectif de qualité de service : satisfaire nos clients d'aujourd'hui avec nos offres d'aujourd'hui ! Tout le reste est sans doute important mais sort de cet objectif.

Vous pourrez ainsi mieux maîtriser vos projets, éviter le questionnaire « fourre-tout » dans lequel chacun met sa préoccupation du moment. Vous construirez des questionnaires courts et pertinents qui apporteront une véritable valeur ajoutée à votre entreprise en évitant la dispersion dans laquelle tout le monde cherchera à vous entraîner.

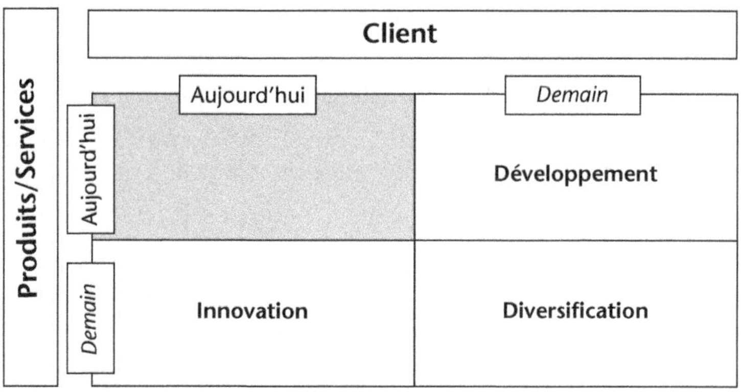

Figure 2 – Le périmètre des études de satisfaction (bis)

S'il vous manque un argument dites-vous que « vos clients perdus de demain sont des clients actifs aujourd'hui ».

Une bonne mesure de satisfaction vous permettra rapidement de savoir comment arrêter l'hémorragie des clients ou la politique du panier percé ! 13 % de clients gagnés – 11 % de clients perdus = 2 % de croissance annuelle !

L'essentiel

- **Il existe différents types de fidélités**, celles qui créent de l'attachement et de l'implication et celles qui ne sont que de la paresse. Attachez-vous à toujours développer le premier type.
- **Lorsque vous pensez satisfaction**, pensez toujours « clients d'aujourd'hui, produit d'aujourd'hui », vous risqueriez de vous disperser.
- **Tous vos futurs clients perdus** sont aujourd'hui des clients actifs, faites tout ce qui est en votre pouvoir pour les retenir.

Avis d'expert

Rodolphe André, responsable performance client et fidélisation, groupe APRIL

À l'issue d'un cursus spécialisé en marketing, ma carrière s'est rapidement orientée dans la relation client, sur des fonctions supports en centres d'appels ou encore comme concepteur/animateur de programmes de fidélisation, dans l'automobile puis les loisirs.

APRIL est un groupe international de services en assurances, dont l'ambition est de changer l'image de l'assurance en la simplifiant. Fondé en 1988, APRIL est aujourd'hui implanté dans plus de 30 pays et est présent sur tous les maillons de la chaîne de valeur de l'assurance (assurer, concevoir, distribuer, gérer/assister), et sur de nombreux marchés de niche grâce à sa très forte capacité de segmentation. APRIL apporte ainsi une réponse à (presque) tous les besoins en assurance de personnes, assurance dommages, assistance-mobilité et protection-services juridiques, des entreprises, des professionnels et des particuliers. Le groupe APRIL s'appuie essentiellement sur un réseau de 20 000 distributeurs indépendants – essentiellement des courtiers de proximité.

Dans cette configuration, la performance client et ses animateurs jouent les aiguillons pour stimuler les filiales dans leur qualité de service, délivrée ou ressentie.

Le mot *client* chez APRIL est un vocable qui embarque aussi bien le client final que le courtier, compte tenu du poids historique de ce dernier. Et la satisfaction du client est au cœur de l'ADN d'APRIL depuis sa création, puisque le groupe a introduit de réels changements dans l'évolution des pratiques de la relation client en assurance. À l'époque (fin des années 80/début des années 90), on pouvait appeler son assureur toute une journée sans parvenir à le joindre. »

» APRIL a résolument choisi de miser sur l'accessibilité, et nous espérons que cela a contribué à accélérer la transformation du secteur. De même, APRIL a été précurseur dans le remboursement des prestations en 24 heures. Une révolution il y a 20 ans devenue un standard du marché aujourd'hui. APRIL s'est toujours attaché à rendre l'assurance plus proche et plus accessible, formalisant cette quête par une promesse : « Simplifier la vie de ses clients ». Aujourd'hui, le groupe met à la disposition de ses sociétés une batterie d'outils qui évoluent régulièrement en fonction des attentes du marché ou de leur performance mais qui poursuivent tous le même objectif : améliorer encore et toujours la qualité de la relation client.

Nous nous appuyons principalement sur un baromètre annuel de la satisfaction, « Préférence », très bien ancré dans le groupe : un questionnaire volontairement court (transverse au groupe), qui scanne les principales attentes du client sur ses principaux points de contact avec nos entités. Cette enquête nous permet d'ajuster nos actions et de suivre nos progrès sur le moyen-long terme.

Le téléphone étant encore le canal privilégié par les assurés (et les courtiers), APRIL a toujours apporté un soin méthodique à la qualité de son accueil téléphonique. Nous nous sommes appuyés pendant plus de dix ans sur une grille de bonnes pratiques qui a permis d'ancrer les réflexes du bon accueil.

Parallèlement, le groupe a mis en place le feedback management courant 2013 – un outil très complémentaire au baromètre Préférence de plus long terme, puisqu'il permet de recueillir à chaud les impressions clients et par la même, d'accroitre nos capacités de rétention, de favoriser un management individualisé de la satisfaction client, et de nous inscrire dans une démarche d'amélioration continue.

Cette orientation client forte impacte bien évidemment les reportings mensuels des sociétés du groupe, qui intègrent toutes des indicateurs clients dédiés. Sans compter le poids important des critères de qualité client dans l'intéressement des salariés de nos sociétés.

Pour faire vivre l'ensemble de ces outils et de ces dispositifs, le groupe invite ses différentes sociétés à partager leurs bonnes pratiques.

Le « Club de la Relation client » est ainsi né au printemps 2013, réunissant des managers pour échanger leurs expériences et leurs idées et faire évoluer leurs dispositifs. Ce Club incarne et nourrit à la fois la relation client APRIL, accueillant également des confrères et autres intervenants extérieurs pour rester ouverts sur notre environnement et conforter notre « orientation client ».

Chapitre 1

Les enjeux de la satisfaction et de la fidélité client

Executive summary

- **La satisfaction** n'est pas qu'une valeur positive, humaniste, altruiste et lénifiante dans un monde peuplé de bonnes intentions, c'est avant tout un moyen de créer de la valeur et de la rentabilité et d'assurer la pérennité des entreprises et des investissements.
- **Vous allez découvrir** quel est le chemin qui mène de la satisfaction des clients aux profits, vous saurez ainsi quels sont les enjeux d'une démarche orientée client.
- **Le cycle vertueux** « satisfaction-fidélité-profit » est connu et a été validé par de nombreux chercheurs et praticiens.
- **Mais la relation** entre part de marché et satisfaction client est parfois plus complexe qu'on ne le croit.

Satisfaction client et Fidélité aux profits

Ce livre ne parle que de la relation entre satisfaction, fidélité et rentabilité. Je vais donc commencer par vous offrir une liste apéritive des 13 idées fortes autour de la satisfaction et de la fidélité client.

1. **Fidélité** : vos 15 % de clients fidèles représentent environ 70 % de vos ventes.
2. **Fidélité** : les clients montrent leur amour aux marques : 80 % en disent du bien, 68 % achètent plus et 54 % n'achètent pas d'autres marques.
3. **Fidélité** : les nouveaux clients qui renouvellent leurs achats rapidement ont deux fois plus de chance de devenir des clients fidèles.
4. **Fidélité** : les trois moments critiques pour gagner la fidélité des clients : 11 % avant l'achat – 49 % au moment du 1er achat – 40 % avec la résolution d'un problème.
5. **Profit** : la fidélité des clients crée du profit grâce à l'addition de cinq sources : plus d'achat + réduction des coûts + recommandation + moindre sensibilité au prix et aux promotions.
6. **Profit** : seulement 30 % des nouveaux clients ont des chances de devenir des clients profitables à long terme.
7. **Profit** : une réduction de 5 % du taux de fuite des clients se traduit par une augmentation de plus de 75 % des profits.
8. **Programmes de fidélité** : seuls 31 % des clients qui ont reçu un bon de réduction ou une promotion reviennent acheter.
9. **Programmes de fidélité** : seuls 31 % des Américains trouvent la communication autour des programmes de fidélité intéressante.
10. **Programmes de fidélité** : 85 % des clients n'ont pas reçu un message depuis leur adhésion au programme.
11. **Programmes de fidélité** : 81 % des clients ne connaissant pas les bénéfices du programme de fidélité, ou comment bénéficier des récompenses.
12. **Rétention** : il coûte 5 à 7 fois plus de chercher un nouveau client que d'en retenir un ancien.
13. **Clients perdus** : seulement 3 % des entreprises ont un programme de réactivation des clients perdus ou de reconquête des clients sur le départ.

Les 19 impacts de la satisfaction client dans la rentabilité des entreprises

La recherche de la satisfaction client est un moteur extrêmement puissant dans l'optimisation de la rentabilité des entreprises. Les dirigeants qui ont la volonté d'intégrer la satisfaction client comme un élément de management et de motivation de leurs équipes ont compris des choses que les autres ignorent !

Le bon taux de satisfaction client n'est pas la raison du succès ; ce n'est que la conséquence de la volonté d'un manager qui a su en faire une valeur dans son entreprise et qui a créé un écosystème et une culture d'entreprise qui font la différence. Ces managers ont implicitement intégré le cycle vertueux des 19 rouages qui conduisent de la satisfaction client à la rentabilité !

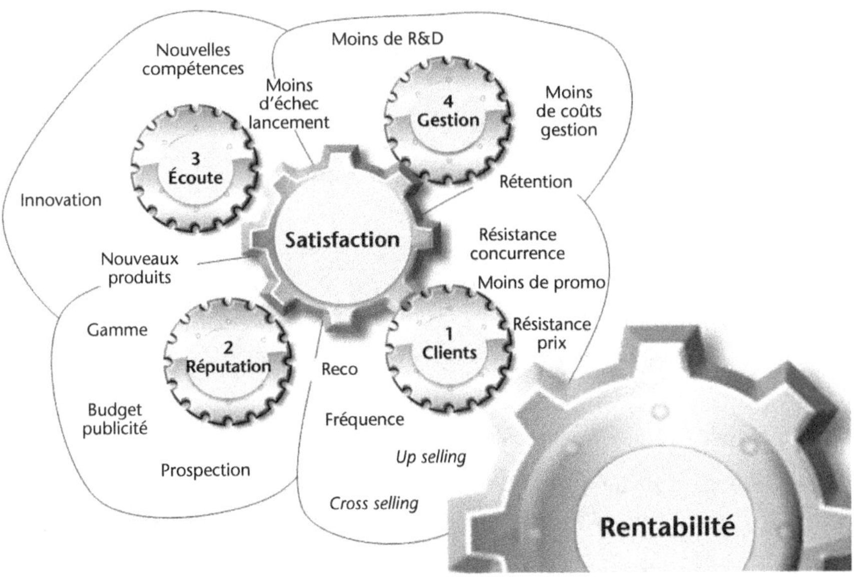

Figure 1.1 – Les 19 impacts de la satisfaction

Des clients satisfaits

1. Sont moins sensibles aux promotions (donc plus rentables).
2. Achètent plus le même produit (*up selling*) plus souvent ou avec des options.
3. Achètent plus souvent d'autres produits (*cross selling*).
4. Résistent plus facilement à la pression de la concurrence.

5. Sont moins infidèles (impact sur la gestion).
6. Recommandent l'entreprise à leur entourage (impact sur la réputation).

■ Impact sur la réputation

7. Des clients satisfaits contribuent à l'image de marque et à la bonne réputation de l'entreprise.
8. Cela favorise la prospection et le recrutement des nouveaux clients via un bouche à oreille favorable.
9. Cela optimise les investissements commerciaux et publicitaires.

■ Impact sur l'innovation

Une entreprise qui a la volonté de satisfaire :

10. Est une entreprise qui sait écouter.
11. Est plus tournée vers l'innovation produits et services.
12. Peut acquérir de nouvelles compétences.
13. Optimise sa politique de R & D fondée sur les vraies attentes des clients.
14. Connaît moins d'échecs lors des lancements de nouveaux produits.
15. Met de « bons produits » sur le marché.
16. Élargit sa gamme (ce qui impacte son image).

■ Impact sur la gestion

17. Gérer et facturer 1 000 € à un client est plus rentable que de gérer et de facturer 100 € à 10 clients.
18. Optimisation de l'efficacité des investissements commerciaux et publicitaires via le bouche à oreille et une meilleure réputation.
19. Optimisation du potentiel offert par chaque client.

Les boursiers et les fonds d'investissements commencent à croire en cette idée, puisqu'un fonds d'actions a même été lancé, principalement basé sur les entreprises leaders en satisfaction client.

Ce phénomène est également validé par une étude de Jon Picoult de Watermark Consulting aux US en 2013. Celui-ci a analysé 5 ans d'historique de données provenant de l'étude « *Experience Index Forrester's Customer – EIFC* » et construit deux portefeuilles modèles. Les résultats sont éloquents : au cours des 5 ans, la rentabilité des leaders en satisfaction client leur a permis de devancer les retardataires :

- les leaders ont eu un rendement cumulatif total de + 22,5 % ;
- le S&P 500 a connu un recul de – 1,3 % durant la même période ;
- les retardataires ont perdus – 46,3 %.

• *Les champions de la satisfaction clients sont les champions de la rentabilité !*

Les dirigeants de ces entreprises ont compris qu'investir en permanence dans la chasse aux nouveaux clients s'avérait bien moins rentable qu'investir dans l'élevage.

6 vérités sur la relation entre satisfaction client et part de marché

La part de marché et la satisfaction des clients sont utilisées comme les deux indicateurs clés de performance des entreprises. Le postulat communément accepté est le suivant :

- La satisfaction du client entraîne ses rachats ;
- La satisfaction du client produit du bouche à oreille positif.

Ces deux facteurs influenceront favorablement la part de marché d'une entreprise. Cependant, cette hypothèse a rarement été validée. Plusieurs études récentes traitent de ce sujet et aboutissent aux constats suivants :

- Lorsque les coûts de changement de marque sont faibles, la satisfaction client est un bon prédicateur de la progression des parts de marché entre concurrents.
- Sur les marchés où la demande est homogène, la relation entre satisfaction et part de marché est réelle.
- Sur les marchés où la demande est hétérogène, la relation entre satisfaction et part de marché n'est pas toujours prouvée (les plus petits acteurs ont parfois des clients plus satisfaits).

Le lien entre satisfaction et part de marché est donc fort sur un marché à demande homogène mais n'est pas linéaire sur un marché très hétérogène. La baisse ou la hausse du niveau de satisfaction des leaders est prédictive de la baisse ou de la hausse de leur part de marché. Sur certains marchés, il existe parfois une relation négative entre part de marché et satisfaction (les plus grosses marques n'ont pas toujours les clients les plus satisfaits).

■ Part de marché et satisfaction : quel est le chaînon manquant ?

Une étude a porté sur la relation entre la satisfaction des clients et la part de marché de deux produits distincts en Grèce : d'une part l'eau minérale en bouteille, industrie avec une grande homogénéité de la demande, et d'autre part l'ouzo, apéritif grec traditionnel, avec une grande hétérogénéité de la demande.

L'analyse des résultats a montré que sur le marché de l'eau en bouteille (plus homogène), le leader du marché obtenait de manière significative des niveaux plus élevés de satisfaction client.

En revanche, lorsque les données du marché de l'ouzo (très hétérogène) ont été prises en compte, la relation entre part de marché et satisfaction client était incertaine. On a constaté plus ou moins les mêmes niveaux de satisfaction entre les marques, indépendamment de la position sur le marché. Une analyse plus poussée a révélé que :

- le leader du marché n'avait pas toujours des niveaux de satisfaction client les plus élevés ;
- le niveau de satisfaction de sa clientèle avait diminué, tout comme sa part de marché.

En d'autres termes, les utilisateurs de la marque leader ne sont pas nécessairement plus satisfaits, tant vis-à-vis du produit lui-même qu'avec les autres éléments du mix marketing de l'entreprise. Par exemple, la marque en quatrième position en part de marché avait des niveaux de satisfaction client plus élevés, comme la relation négative d'autres études l'avait suggérée.

Part de marché et satisfaction client : suivi historique

Une autre étude repose sur les données américaines de l'indice de satisfaction client pour plus de 200 entreprises de 1994 à 2006 (ACSI – *American Customer Satisfaction Index*). L'analyse a révélé que par rapport au concurrent le plus proche :

- un meilleur taux de satisfaction client est toujours associé à une bonne croissance des parts de marché, tandis que la part du marché décline et est négativement associée à un plus faible taux satisfaction client ;
- plus le coût de changement de fournisseur est élevé, plus faible est l'effet de la satisfaction des clients sur la future part de marché.

L'hétérogénéité des clients d'une entreprise intervient dans la relation négative entre part de marché actuelle et satisfaction future. Le nombre de marques commercialisées par une entreprise doit donc être géré en fonction de l'hétérogénéité du marché et des préférences de marques. Ceci a un impact sur la relation entre la satisfaction client et la future part de marché.

■ Vision pour aujourd'hui ?

Malgré les différences économiques et culturelles de ces études entre les pays, ces analyses donnent une image similaire de la manière dont la satisfaction du client impacte la part de marché. L'objectif était d'établir les effets du temps, tout en cherchant à comprendre la nature de la relation entre les deux. Le lien entre satisfaction et part de marché est fort sur un marché à demande homogène, il n'est pas linéaire sur un marché très hétérogène.

Les dirigeants doivent donc évaluer la nature de la demande des clients et des marchés ciblés avant de vouloir investir dans l'amélioration de la satisfaction du client. Les marchés très disparates et hétérogènes ont des liens plus faibles entre satisfaction client et part de marché.

Les marketeurs doivent faire des études pour mieux comprendre et cerner les niveaux d'hétérogénéité dans les goûts et les préférences de leurs clients et de leurs marchés pour en tirer une valeur distinctive. Alors seulement, ils pourront rééquilibrer le niveau de satisfaction client et maintenir une forte proposition de valeur.

Parallèlement à cela, il est essentiel de réaliser des études de positionnement concurrentiel pour surveiller les marques rivales, évaluer la perception de valeur par les clients, cerner les freins et motivations au changement de marque. Investir dans cet axe permet de mieux piloter les efforts de l'entreprise pour améliorer la satisfaction du client ET la part de marché !

Article publié par le professeur Spiros Gounaris,
University of Strathclyde, United Kingdom,
« Customer satisfaction & Market share »,
Journal of Euromarketing, Vol. 10 N° 4, pp. 61-81.

La satisfaction impacte la recommandation et l'image de marque

La société ABA a mené, en Angleterre, une étude sur 11 fournisseurs de services financiers au Royaume-Uni pour faire un point sur la satisfaction des clients de chacun. Selon les résultats, les meilleures performances sont celles de la banque Nationwide, qui :

- réalise la meilleure performance en qualité de service ;
- a le plus fort taux de recommandation ;
- obtient le plus fort taux d'envie et d'intention d'ouvertures de comptes.

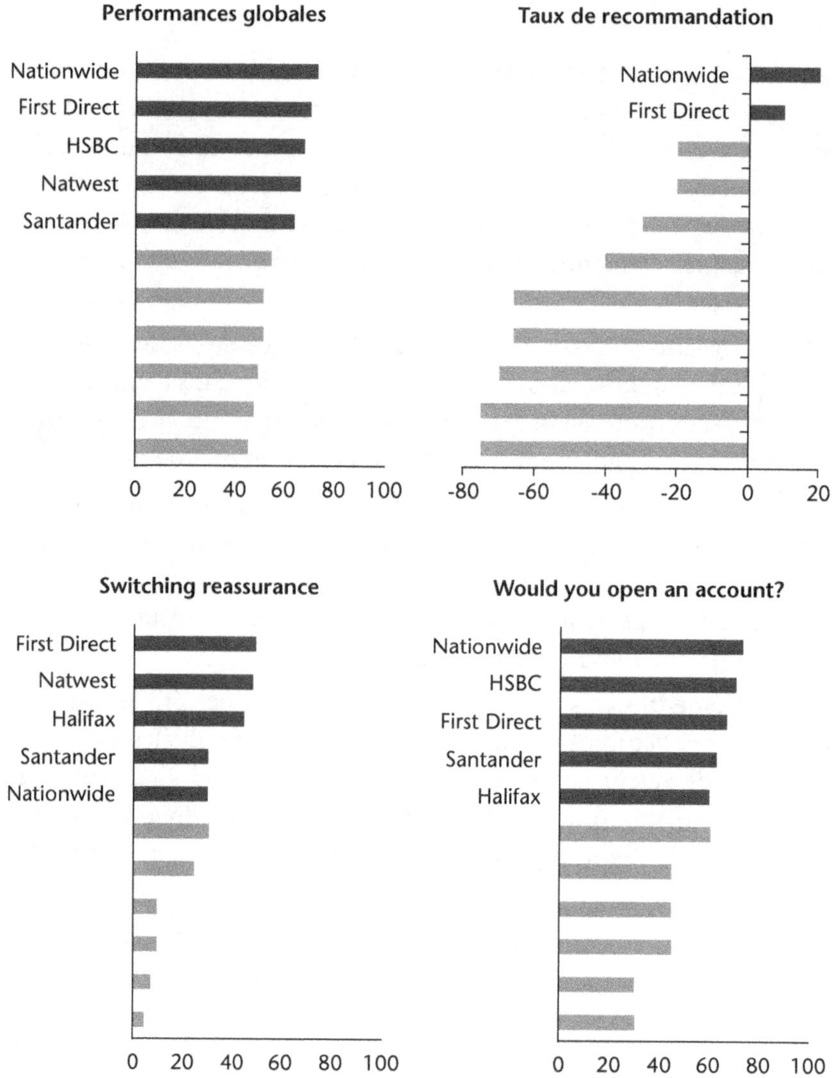

Figure 1.2 – Satisfaction et dynamique commerciale

- *Satisfaction clients, bouche à oreille positif et image de marque favorable sont intimement liés !*

La qualité de service d'aujourd'hui, c'est l'image de marque de demain et les profits d'après-demain !

Une loi anglaise vient d'obliger les banques à faciliter le parcours et la sortie de leurs clients qui veulent changer d'établissement : la procédure doit être faite en 7 jours maximum, par rapport aux obligations précédentes de 31 jours.

Il faut savoir que les moteurs de la fidélité à une banque sont le plus souvent : la paresse, l'inertie et la peur d'affronter un processus administratif compliqué. Une autre étude de Yougov menée auprès de 2 114 personnes en septembre 2012 en Angleterre a ainsi montré que 65 % des clients trouvent que les banques n'arrivent pas à améliorer leur offre de service mais que 38 % des clients n'ont jamais changé de banque !

Maintenant que les choses vont être plus simples pour changer de banque en Angleterre, les établissements vont sans doute revoir leur offre de service à la clientèle, sous réserve de voir le taux de fuite clients augmenter...

Source : « Are UK Banking customers being switched on »
paru sur *Customer Experience Magazine UK*

Avis d'expert

Thierry Spencer, créateur de Sensduclient.com, blog de référence dans le domaine de la relation client, directeur associé de l'Académie du service

Les cinq enjeux de la voix du client

Il y a quelques décennies, la prise en compte de l'opinion du client comptait pour une minorité d'entreprises. Ces professionnels réalisaient tout au plus un baromètre de satisfaction annuel et entendaient sa voix lorsqu'un courrier de réclamation faisait le tour de l'entreprise après être passé par le bureau du président qui découvrait avec horreur un dysfonctionnement de l'organisation.

La sensibilisation aux indicateurs client est assez récente. Pour trouver trace d'une initiative rendue publique à propos de la satisfaction des clients, il faut remonter à 1994 aux États-Unis avec le lancement de *l'American Customer Satisfaction*, index qui publie un baromètre multi-sectoriel issu de 80 000 enquêtes. Cet indicateur s'inspire lui-même d'un baromètre suédois de 1989.

Puis, à mesure que la relation client devenait une source de différenciation, les entreprises ont cherché à se distinguer grâce aux divers prix dans ce domaine. Depuis 2008, ce sont plus de 170 entreprises différentes qui ont été distinguées dans le domaine de la relation client en France, preuve de la notoriété grandissante au sein des entreprises de la mesure comparative basée sur le point de vue du client.

Au sein des entreprises, la voix du client s'est fait entendre plus distinctement sous la forme de données dites « non structurées » avec l'avènement du Web et des médias sociaux.

Aux études qualitatives et quantitatives, aux visiteurs mystères, il convient d'ajouter des données informelles arrivant de toute part et sous toutes les »

» formes (photos, vidéos, avis consommateurs, billets de blog et autres). Il s'agit de faire converger les différentes formes d'expression du client dans des baromètres de plus en plus sophistiqués et destinés à la mesure de la satisfaction et de l'expérience du client.
Au-delà de la sensibilisation des différents acteurs de l'entreprise, plus ou moins forte selon que leur rémunération variable est indexée sur la satisfaction, les organisations se trouvent face à cinq enjeux.

La connaissance du parcours client

À force de mesurer tous les points de contact avec le client, les entreprises perdent-elles leur vision claire des éléments clés de son parcours ? Connaissent-elles les moments qui nécessitent la plus grande attention et les interactions sur lesquelles la marque a plus de chance de s'exprimer et de faire la différence ?

La gestion des flux

Les données relatives au client gagnant en volume, il convient de mettre en place des outils pour en faire la juste synthèse.

L'organisation

Autrefois dévolue aux services études, la voix du client gagne de nombreux services : le digital collecte des avis en ligne, la communication capte les médias sociaux et les points de vente recueillent la voix du client. Qui peut, au sein des entreprises, faire cette synthèse indispensable, incarner la voix du client et être en capacité d'agir en s'affranchissant de la pesanteur de l'organisation ?

La maîtrise des leviers

Quand on interroge les collaborateurs sur leur appréciation de la satisfaction client, ils la surestiment de plus de 20 points en moyenne (baromètre cultures services de l'Académie du service 2014). Les raisons sont simples. Les professionnels pensent rendre un service de qualité dans leur travail quotidien et se motivent par l'idée qu'ils font bien leur travail. La raison essentielle pourrait être que les sources de satisfaction du client ne sont pas connues. Pour parler clairement, les collaborateurs ne savent pas ce que signifie satisfaire un client.

Le partage

Selon une étude Ipsos (2015), seulement 3,2 services en moyenne reçoivent les analyses des messages clients. À peine plus d'un tiers des comités de direction abordent le thème de la voix du client, selon l'Association pour le management de la réclamation client. À l'exception de rares entreprises matures sur le sujet, le partage des indicateurs clés est un axe de progression majeure pour les entreprises. Il faut une grande maturité aux propriétaires des différents chiffres relatifs à la satisfaction et l'expérience du client pour être capable de diffuser au sein de l'entreprise les bons résultats aux bonnes personnes.

Les enjeux de la fidélité des clients

L'impact de la fidélité sur les profits

Recruter des clients coûte de l'argent aux entreprises : budgets de publicité, frais commerciaux, remises, rabais, promotions, offres d'essais, démonstration, etc. Les premières ventes sont souvent faites « à perte » et les entreprises ne s'en rendent pas toujours compte.

Seule la fidélité des clients et le renouvellement des ventes permettront de compenser l'investissement initial, d'être en croissance, d'avoir un juste retour sur investissement et de faire du profit

Dans son livre *L'effet loyauté*, Frederick Reichheld a démontré comment la durée de fidélité des clients pouvait permettre de faire doubler le taux de profit entre 2 ans et 10 ans de rétention. Les exemples cidessous en font la démonstration :

- La première année l'investissement dans le coût d'acquisition a été de moins 50 pour l'entreprise.
- Les années suivantes vont voir se cumuler plusieurs sources de profit :
  - le profit « de base » retiré de la vente du produit ou service ;
  - le profit dû à l'augmentation des achats (fréquence, *up selling, cross selling*) ;
  - le profit dû à une moindre sensibilité au prix. La durée de vie du client et sa satisfaction rendent moins sensibles aux promotions et confirment la volonté d'acheter « au prix normal » ;
  - le profit dû à la réduction des opérations : livrer ou facturer 100 devient plus rentable que de livrer ou facturer 50 ;
  - le profit dû aux recommandations. Le bouche à oreille et le pouvoir multiplicateur des réseaux sociaux confirment l'important de l'e-réputation des entreprises dans leur croissance.

Le résultat est sans appel, un client de 10 ans rapporte deux fois plus qu'un client de 2 ans. On peut donc imaginer le taux de profit d'une entreprise qui serait obsédée pour garder tous les clients 10 ans :

- sans avoir la volonté d'en faire rentrer trop (ils coûtent cher) ;
- ou de n'accepter comme nouveaux clients que ceux que l'on est sûr de pouvoir garder 10 ans !

C'est tout l'enjeu économique de la fidélité client. C'est ce dont nous allons parler tout au long de cet ouvrage.

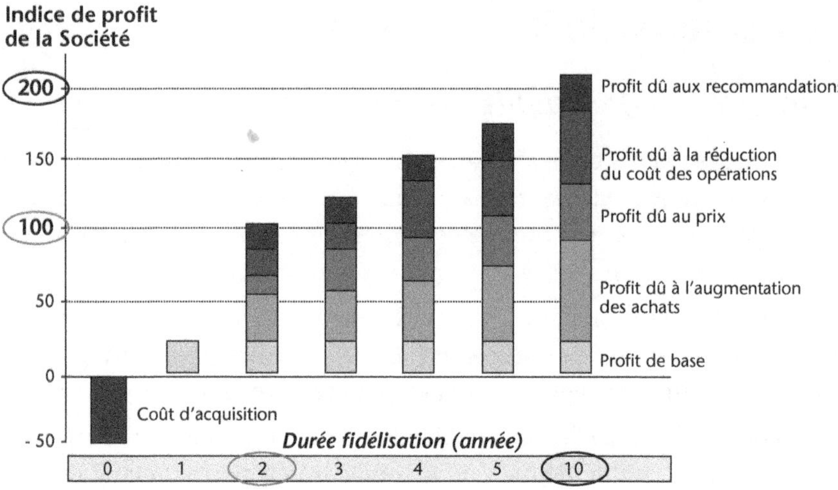

Figure 1.3 – Fidélisation client et profit

Comment se construisent les profits via la fidélité des clients et des collaborateurs

La *Service Profit Chain,* ou chaîne du service au profit, donne les liens entre la motivation des collaborateurs, la fidélité des clients et leur impact sur le profit des entreprises. C'est une théorie publiée par James Heskett à Harvard en 1990.

Figure 1.4 – La chaîne du Service au Profit

La *Service Profit Chain* repose sur 8 postulats :

1. Profit : les entreprises privées visent les profits et la croissance.

2. Fidélité : une bonne croissance est assurée par la fidélité des clients.
3. Satisfaction : la fidélité s'appuie sur des clients satisfaits car les produits et services répondent « en permanence » à leurs attentes.
4. Valeur : la satisfaction va dépendre de la capacité de l'entreprise à créer de la valeur pour les clients.
5. Employés : une bonne valeur est plus facilement créée par des employés fidèles.
6. Productivité : des employés fidèles sont plus productifs.
7. Motivation au travail : des employés motivés créent des clients engagés.
8. Qualité : l'entreprise doit mettre en place une démarche qualité interne (conception et suivi qualité produits service – sélection, formation, motivation des salariés).

- *Sur le plan opérationnel, vous devez mettre en place cette chaîne « en compte à rebours », de 8 à 1...*

Vous n'atteindrez le 1 que si vous avez bien réalisé le point 8 et ceux qui le précèdent

Dans son livre *The Service Profit Chain – How Leading Companies Link Profit and Growth To Loyalty, Satisfaction and Value*, Heskett démontre qu'il existe un lien entre les expériences de services de qualité supérieure, la fidélisation de la clientèle et le rendement financier des entreprises (profit et croissance).

La fidélité client est le meilleur ascenseur vers la rentabilité

Quel est l'intérêt pour une entreprise de chercher à fidéliser ses clients ? Quelle valeur cela rapporte-t-il vraiment ? Pour le savoir, le graphique de la figure 1.5 en donne une bonne idée.

De 2007 à 2013, les entreprises leaders en expérience client ont surperformé l'ensemble du marché boursier, avec un rendement total de 25 points de plus que l'indice S&P 500. Les entreprises « lanterne rouge » sur ce thème ont affiché un rendement négatif de 2,5 %, alors même que l'ensemble du marché a augmenté de plus 51,5 % durant ces mêmes 7 années.

Lorsque vous marquez favorablement vos clients avec de bons produits, de bons services et une expérience de très bon niveau, ils ne sont pas seulement satisfaits, ils deviennent réellement fidèles.

La loyauté des clients apporte de nombreux avantages financiers directs et indirects, en augmentant les recettes et en réduisant les dépenses.

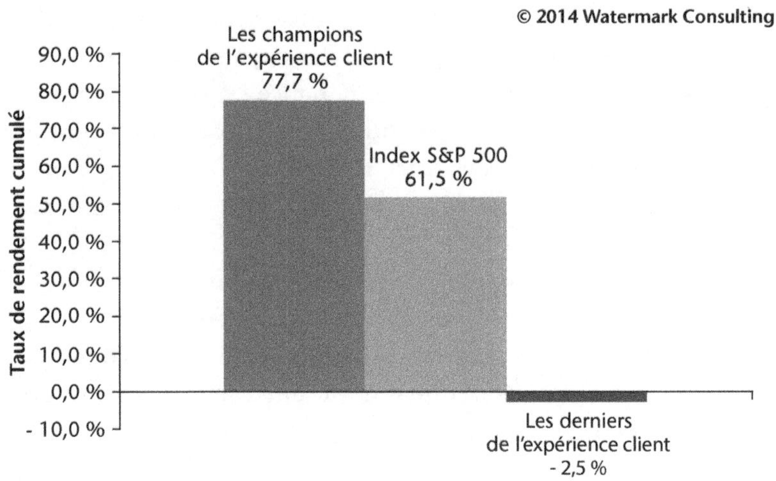

Figure 1.5 – Satisfaction et cours de bourse

Watermark définit les leaders et les retardataires de l'expérience client comme les 10 % supérieurs et inférieurs des entreprises évaluées par les études de Forrester Research (« Forrester Research's 2007-2014 Customer Experience Index Studies »).

Cours de bourse et expérience client font très bon ménage

Une autre étude menée sur le S&P 500 par le Fast Forward Consulting Group entre août 2013 et juillet 2014 a démontré que le cours de

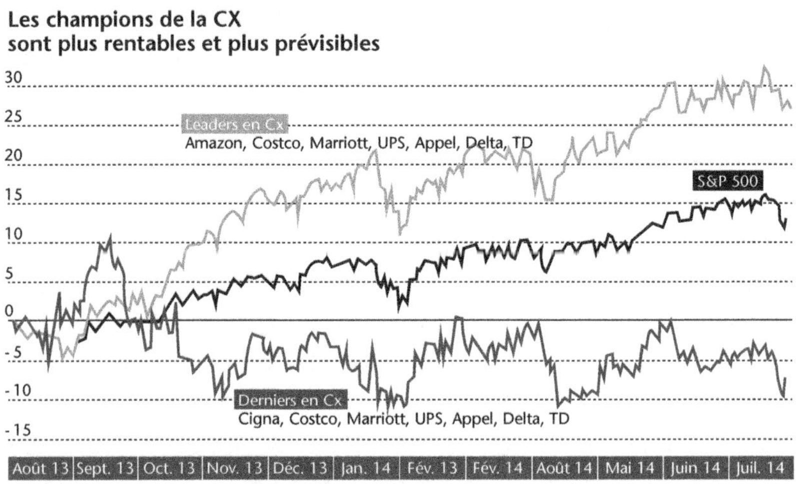

Figure 1.6 – Satisfaction et cours de Bourse (2)

bourse des entreprises leaders en *customer expérience* était supérieur à la moyenne du S&P 500 et plus prédictif de croissance.

Le cours de bourse des entreprises « à la traine » en *customer experience* est inférieur à la moyenne et prédictif de mauvaises performances boursières !

- *Qui a dit que la relation client c'était des dépenses et pas des investissements ?*

Toutes les entreprises se déclarent « priorité client »

Je suis toujours amusé et intrigué lorsque j'entends le discours des managers : d'après eux, toutes les entreprises ont mis le client au premier rang de leurs priorités. Je me pose alors toujours la question : la « priorité client » de votre entreprise, est-ce la chasse ou l'élevage ?

Le client le plus important c'est celui de demain, pas celui d'aujourd'hui ! Chaque secteur d'activité ne parle ailleurs pas de la même façon du principe « d'attirer ou de retenir » ses clients comme le confirme le tableau ci-après.

Métier	**Quels mots ?**	
Grande consommation	*Acquisition*	*Rétention*
Call center	*Sale*	*Care*
Marketing client	*Chasse*	*Élevage*

Ce débat entre « chasse et élevage » est éternel et fluctue selon les périodes :

- de croissance (tous à la chasse !) ;
- ou de récession (faisons de l'élevage).

Une étude récente aux États-Unis montre une évolution sensible sur ce sujet entre 2013 et 2014 (figure 1.7) :

- Priorité chasse : 40 % en 2014.
- Priorité élevage : 15 %.
- Autant l'un que l'autre : 45 %.

On constate ainsi que la fidélisation, la rétention ou l'élevage, quelle que soit la façon dont on l'appelle, gagne de plus en plus d'importance puisque 60 % des dirigeants l'on inscrit dans leur stratégie.

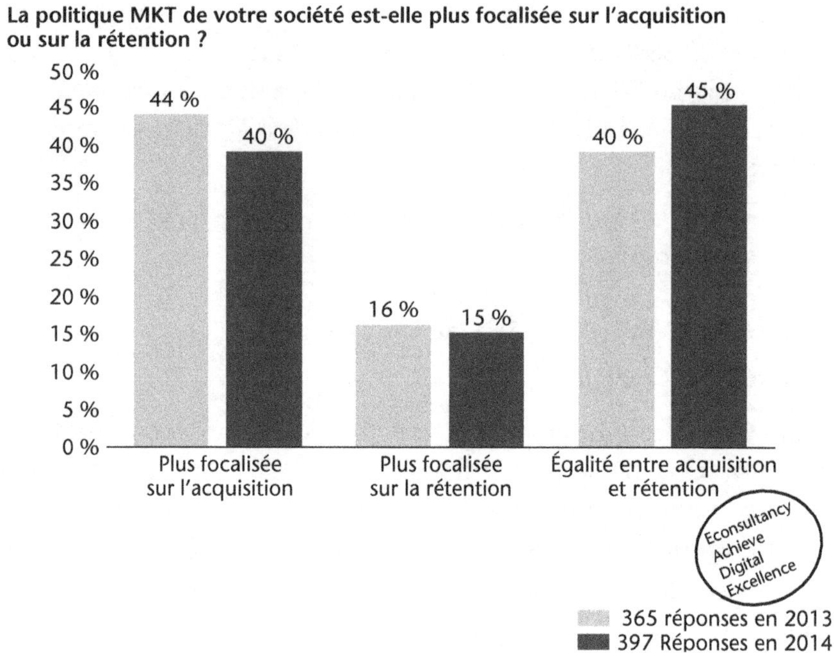

Figure 1.7 – Priorité rétention ou acquisition ?

Les deux tiers des entreprises vont donc investir dans une meilleure satisfaction de leurs clients pour viser l'objectif de fidélité.

Source : *Cross-Channel Marketing Report* 2014, Econsultancy

Fidélité clients et exclusivité ?

À long terme, être le seul fournisseur vous rend plus fragile ! Les clients peuvent avoir deux types d'engagements envers une entreprise :

- un engagement calculé (les risques liés au changement ou les pertes d'avantages dans les transactions), ce que l'on appelle communément le « coût du changement » ;
- un engagement affectif (le relationnel, le cœur, l'humain).

Une étude réalisée dans le secteur bancaire (particuliers – 30 000 questionnaires) montre que :

- l'engagement « calculé » qui s'accroît dans le temps nuit à l'établissement d'un échange relationnel : plus j'ai de risque à changer, moins je suis impliqué dans le relationnel.
- sur le long terme, la confiance du client dans l'institution a généralement un rôle décroissant alors que l'engagement affectif devient

prépondérant dans l'échange relationnel. Avec le temps la confiance s'alimente via la relation avec les hommes.

- la bienveillance des personnels en contact encourage – via un effet de réciprocité – une plus grande bienveillance des clients, et ceci d'autant plus que leur vulnérabilité est forte. Les personnels en contact des clients ont un rôle très fort dans la confiance, particulièrement chez les clients les plus fragiles.
- la crédibilité des personnels en contact produit au contraire des effets et peut conduire les clients mono-fournisseur à des intentions d'infidélité. Être le seul fournisseur ne vous protège pas de l'infidélité de vos clients, particulièrement lors de problèmes avec le personnel.

La fidélité des clients captifs ?

Les situations de « captivité » ne rendent pas les clients plus fidèles ! Une étude menée pour une banque auprès de clients particuliers démontre que l'engagement « calculé » :

- n'a aucun impact sur la résistance à la pression concurrentielle (mon intérêt de rester chez vous ne me laisse pas insensible au discours des concurrents) ;
- a même un effet négatif sur l'évitement du bouche à oreille négatif (je reçois favorablement les critiques émises sur vous) ;
- a un effet négatif sur la réclamation (je subis ponctuellement la situation et je préfère l'inaction dans l'attente d'une amélioration future de vos services) ;
- limite les volontés de coopération des clients en cas d'offre de la concurrence ;
- favorise l'adoption de comportements opportunistes (je fais le minimum avec vous et à la première bonne occasion, je vous quitterai).

Au final, en cas d'offre de la concurrence, les clients captifs ne seront pas plus sensibles aux offres des concurrents, mais s'ils saisissent ces occasions, ils le feront de manière plus opportuniste et auront moins tendance à donner une seconde chance à leur banque.

Dans un environnement concurrentiel, le développement d'échanges coopératifs et transparents avec les clients passe donc avant tout par la création d'un lien affectif et non par le développement de « situations de captivité » et de barrage à la sortie.

Multicanal, Multi fuite ?

Le multicanal et un défi de la relation, de la satisfaction et de la fidélité des clients. Une étude de Pitney Bowes Software montre que le défaut d'intégration et l'augmentation continue du nombre de canaux freinent la communication multicanale et favorise l'infidélité des clients : ainsi, 32 % des départs de clients sont dûs à la fragmentation des communications et 26 % au marketing de masse.

Les principales statistiques du rapport intitulé *Disconnected Customer Channels* qui s'est concentré sur la finance, les télécommunications et les services publics démontrent que :

- Il est difficile pour les entreprises d'intégrer les canaux de communication : 90 % d'entre elles souhaitent atteindre cet objectif, mais seulement 31 % y parviennent.
- Cette situation est aggravée par la multiplication du nombre de canaux :
  - plus de la moitié (53 %) des entreprises approchent leurs clients via les réseaux sociaux ;
  - pourtant, seulement 8 % réussissent à mettre en œuvre des communications intégrées et multicanal en fonction des préférences des clients.
- Cela conduit souvent à une perte de clients. Les entreprises ayant participé à l'étude considèrent que 32 % des départs de clients pendant la période de fidélisation sont dûs à la fragmentation des communications et 26 % au marketing de masse.
- 27 % des interviewés ne capitalisent pas sur le canal utilisé pour la prise de contacts.
- 9 % seulement disposent de systèmes de modélisation du comportement client, permettant de s'adapter pour profiter au mieux des opportunités.

L'étude révèle que si la plupart des entreprises tentent de créer de la cohérence et des liens entre leurs différentes communications marketing, seule une minorité de 2 % y parvient. Pour connecter les différents canaux en vue de renforcer la fidélité de leurs clients, les entreprises doivent s'approprier les technologies marketing *cross canal* et acquérir une meilleure connaissance de leurs clients au cours de chaque interaction pour mieux adapter les communications.

L'essentiel

Les clients représentent un investissement conséquent qu'il est impératif de conserver et de faire fructifier, ne jouez pas la politique du panier percé en recrutant des clients qui ne font que remplacer ceux qui partent...

Une politique qui ne viserait qu'à conserver et faire grandir ses clients acquis, sans être obsédée par le recrutement permanent de nouveau clients, serait beaucoup plus profitable à moyen et long terme.

Les décideurs ignorent les enjeux de la rentabilité liés à la fidélité de leurs clients, sinon ils ne gâcheraient pas autant d'argent dans des campagnes de publicités et de promotion.

Des collaborateurs démotivés ne créent pas des clients motivés, la relation entre les deux est maintenant connue et prouvée. Vous ne pouvez pas atteindre l'un sans vous soucier de l'autre !

La satisfaction des clients a un impact indirect sur les ventes via la recommandation et le maintien d'une image de marque de qualité.

Avis d'expert

Daniel Ray, professeur de marketing et responsable de l'Institut du Capital Client au sein de Grenoble École de Management, travaille depuis 20 ans sur les problématiques de *Capital Client*. Souvent sollicité en tant que *guest speaker*, il a écrit *Mesurer et développer la satisfaction clients*.

Fournier et Mick l'annonçaient dès 1998 : en se focalisant uniquement sur les outils, les process et les KPI à court terme, les entreprises en oublient les objectifs initiaux du marketing relationnel et du CRM, qui consistent à créer et à développer une relation durable avec ses « meilleurs » clients. Pourtant, les recherches scientifiques continuent d'attester qu'investir dans la réclamation, la satisfaction et la fidélisation clients peut être extrêmement rentable. Mais trop pressé de rajouter de nouveaux process, d'acheter de nouveaux outils, d'inventer de nouveaux KPI, personne ne se préoccupe des conditions indispensables au bon fonctionnement de ce cercle vertueux, conditions pourtant largement mises en avant par les articles scientifiques. Rappelons donc trois des basiques, en insistant sur l'idée qu'il ne suffit pas d'affirmer haut et fort que « le client est au cœur de nos préoccupations » pour qu'il le soit effectivement... Les consommateurs sont de moins en moins dupes de ce *customer washing* et de l'incohérence entre la vitrine extérieure et la réalité de leur expérience client ! »

» Investir sur l'orientation client permet de décupler la rentabilité des normes, process et KPI

Dans une économie dominée par les services, il est nécessaire d'assurer la cohérence entre les différents canaux de relation client. Les entreprises vont donc créer des normes, des modèles, des process, des KPI. Les plus avancées savent qu'il est difficile d'éviter que le cumul des normes ne devienne un « millefeuilles » contraignant le *front office* plutôt que de l'aider. Dans de nombreux cas, un collaborateur aura plus intérêt à satisfaire le KPI qu'à réellement satisfaire son client !
Les nombreuses recherches ont largement prouvé le lien étroit entre orientation client et rentabilité, montrant qu'investir pour créer une réelle culture client permettait de décupler la rentabilité des investissements.
À quand de véritables investissements sur la culture client, qui dépassent la simple injonction ?

Accepter la complexité des relations entre expérience client, satisfaction, fidélité et rentabilité

De nombreux gourous de la relation client commencent leurs affirmations par « Tout le monde sait très bien que... ». Mais s'il n'y a qu'une chose que montrent toutes les recherches, c'est que, justement, « personne ne sait très bien que » ! Dong et al. (2011) démontrent que dans la moitié des 1 000 produits ou services étudiés, le lien satisfaction-fidélité ne peut être modélisé de façon linéaire, c'est-à-dire que l'impact, sur la fidélité, d'un point gagné en satisfaction, varie selon le niveau de satisfaction, le secteur et le produit/service !
En conséquence, un réel investissement sur la compréhension des spécificités de la relation satisfaction-fidélité chez les clients permettra d'optimiser le ROI de nos politiques de satisfaction.

Considérer la réclamation comme un cadeau et non un échec

Dans la quête absolue de l'enchantement client, un client qui réclame constitue un échec. En conséquence, de nombreuses entreprises n'ont pas envie de faciliter l'expression des réclamations. Mais les recherches ayant largement prouvé la rentabilité d'un bon management de la réclamation, il convient de modifier notre perspective de la réclamation. Des travaux menés avec l'AMARC (Association pour le management de la réclamation client) ont montré que les entreprises les plus avancées avaient une capacité à créer une véritable « orientation réclamation » en interne. Au total, dans notre volonté d'aller toujours plus vite, plus loin en matière d'expérience client, nous en oublions trop souvent nos basiques en nous focalisant sur les aspects « facilement contrôlables ».
Comme le montrent aujourd'hui les entreprises les plus avancées, il est temps de redonner du sens aux politiques d'expérience client afin de sortir de cette véritable lobotomisation de la relation client. R. Martin affirmait dès 2010 dans la *Harvard Business Review* l'avènement d'un « capitalisme client » qui viendrait, à terme, supplanter l'actuel capitalisme financier.

Chapitre 2

L'expérience client

Executive summary

▶▶ **Les entreprises** ont fini par comprendre que l'expérience qu'elles fabriquent contribue à façonner leur avenir, leur déclin ou leur croissance.

▶▶ **L'expérience client** est un long voyage qui commence bien avant la vente, qui se déroule durant tout le parcours de sélection du produit ou du service puis durant l'acte d'achat. Il continue durant l'usage et le recours au SAV et ne s'arrêtera pas tant que vous voudrez entretenir une relation…

▶▶ **Vos produits ou vos services** peuvent être copiés, pas votre expérience client. Elle sera unique et ne dépendra que de votre volonté, de votre culture et vos ambitions !

▶▶ **L'expérience client** évolue avec l'expérience, vos clients s'habituent à un niveau de qualité de service et attendent « un peu plus » : l'innovation, le digital, les mobiles déplacent les lignes. Vous êtes condamnés à innover dans l'expérience que vous délivrez à vos clients.

Votre entreprise fabrique de l'expérience client !

Que vous le vouliez ou pas, votre entreprise fabrique de l'*expérience client*, le nouveau *buzz word* à la mode ! Votre expérience client peut être bonne, mauvaise ou indifférente. Mais le seul fait que vous ayez des clients, que vous interagissiez avec eux d'une manière qui vous est propre implique que vous construisez de l'expérience client. Puisque cela se construit, même si vous ne le voulez pas, arrangez-vous pour en être l'architecte !

L'expérience client est un mot valise qui a au moins quatre sens en français :

- un savoir-faire (il a de l'expérience en cuisine) ;
- un événement (ce repas, c'était une expérience) ;
- une tentative (c'était ma première expérience avec cette recette) ;
- un test (j'ai réalisé ma première expérience avec ce mélange).

En marketing client, nous utilisons le mot « expérience » dans sa seconde définition, comme « vivre un événement inoubliable ». De ce fait, le graal en marketing va donc être de chercher à améliorer l'expérience de ses clients pour en faire un avantage concurrentiel différenciant.

Mais il nous faut donc définir au préalable ce que nous voulons améliorer, qu'est-ce que cela englobe, comment c'est structuré et comment l'améliorer ? Il faut en effet définir les quatre grands domaines dans lesquels nous situons cette expérience :

- digital : l'expérience d'utilisation d'un site Web, d'une application ou d'un smartphone ;
- physique : l'expérience axée sur la relation client en magasin ;
- distante : l'expérience avec la résolution des problèmes utilisateurs dans un centre d'appel ;
- globale : l'ensemble des interactions : avant – pendant – après l'acte d'achat ou de consommation d'un produit : CocaCola me délivre une expérience qui va au-delà du seul contact de la boisson dans ma bouche.

Vous pouvez faire de la mesure d'expérience :

- « à chaud » sur un moment ou une séquence de cette expérience ;
- ou « à froid » sur la totalité du cycle des expériences.

Pour être réellement efficace sur le long terme, l'expérience client devra être vue comme la somme cumulée (et positive) des expériences événementielles. La beauté de l'exercice et sa singularité sont que :

- chaque entreprise délivre une expérience client ;
- bonne ou mauvaise, commune ou singulière, cette expérience est toujours unique !

Que vous le vouliez ou pas, consciemment ou inconsciemment, avec volonté ou sans, votre entreprise fabrique de l'expérience client ! Comme le disait Jean Cocteau, « puisque ce mystère me dépasse, feignons d'en être l'organisateur. »

Qu'est-ce que l'expérience client ?

Tout le monde ne parle que d'expérience client. J'ai même été surpris de voir il y a quelques mois, pour la première fois, ce mot sur la boutique de souvenirs à Disneyland Paris « *The Ultimate experience* ». Comment le fait d'acheter 3 ou 4 objets *made in China* pouvait-il être affublé d'un tel superlatif ? Plus sérieusement, ce que j'aime dans l'expérience client, c'est que cela nous dit deux choses importantes :
- Tout part du client.
- La relation client est un voyage.

Tout part du client !

L'expérience client est avant tout une question d'acceptation de la perception subjective qui place la vision du client comme l'élément central de la relation sur le long terme. Vous connaissez tous cet adage :
- règle n° 1 : le client a toujours raison ;
- règle n° 2 : s'il a tort, la règle n° 1 s'applique immédiatement.

L'expérience client consiste donc à considérer que le client aura toujours raison sur le long terme et que l'entreprise doit éviter de créer des frictions ou des irritants tout au long de la durée de vie qu'elle souhaite avoir avec lui. L'entreprise doit donc être capable d'identifier et de traiter les freins et les irritants qu'elle met en permanence sur la route de ses clients ! Ce n'est sans doute pas une révolution pour les spécialistes de la relation client, mais c'est une nouveauté pour tous les autres :
- Les marketeurs :
  - moins d'obsession sur les produits, focalisez-vous sur les usages ;
  - l'expérience client c'est de la transaction, de la relation et des émotions ;
  - le voyage du client commence bien avant l'acte de consommation ;
  - il se prolonge bien après...

- La qualité : moins de process voulu par les normes et pour l'interne, mais ceux réellement attendus par l'externe.
- Les gestionnaires : le client est un investissement et un actif que vous devez faire fructifier.
- L'organisation :
  - le client a de multiples interactions avec l'entreprise (canaux, services, fonctions) ;
  - chaque évènement (appel, commande, livraison, etc.) doit être maîtrisé pour fluidifier et solidifier la relation sur le long terme.
- Les collaborateurs : la mémoire du client est un cumul d'achats, de relations, et d'expériences variées (positives et négatives) dans lesquels ils sont des acteurs majeurs.
- Le réseau : nous sommes le maillon fort du parcours de nos clients, nous les aidons dans leurs transactions via tous les canaux offerts (physique ou digital).
- La communication :
  - la promesse n'est pas de faire venir, mais de faire rester dans la durée ;
  - nous cumulons du physique et du digital, de réel et de l'émotionnel ;
  - nous devons raconter une histoire motivante dans la durée ;
  - notre seul socle de communication sur la durée est la confiance (crédible + intègre + bienveillant).
- Tous : l'expérience client est une histoire qui s'écrit chaque jour avec le concours de tout le monde.
- La direction :
  - fédérer tous les acteurs (du *back office* au *front office* – du siège au terrain) ;
  - avoir une vision client sur le long terme qui donne du sens à l'entreprise : le client nous met tous et tous les jours à l'épreuve ;
  - définir des process allant dans le sens de l'optimisation de la relation et des transactions ;
  - développer une « culture client » qui soit un fluide vital qui irrigue la bonne volonté de tous, les indicateurs clés et les modes de contrôle.

Expérience et parcours client

Penser l'expérience client comme un parcours et un voyage initiatique, c'est penser à toutes les étapes avec lesquelles l'entreprise est directement ou indirectement en contact :

- avant l'achat (recherche et sélection) ;
- pendant l'achat (contact et transaction) ;
- après l'achat (SAV et usage produit/service).

Penser parcours client, c'est identifier tous les moments de vérité durant lesquels il peut y avoir conflit entre les promesses et le produit ou la prestation délivrée. Penser parcours client, c'est penser à la fois un parcours initiatique (découverte > maturité) et un cycle de vie (évoluer > s'adapter > grandir). Si l'expérience de vos produits service est décevante, non seulement vos clients ne reviendront pas mais ils noirciront votre image et votre réputation !

Votre expérience client sera unique !

C'est déjà ce que l'on disait du service : si vos produits sont copiables, votre service, lui, ne le sera pas ! C'est encore plus vrai pour l'expérience client qui sera unique et qui, sur le moyen terme, deviendra réellement différenciante. Personne ne sera capable de copier durablement votre ADN et votre expérience client sur le long terme !

Conclusion :

- L'expérience client est un processus décidé par le management permettant à l'entreprise de créer de la valeur et de valoriser son capital client sur le long terme.
- Cette expérience client se construit tous les jours via toutes les interactions physiques ou digitales.
- Ce processus doit être déployé dans les interactions internes (collaborateurs, services, fonctions, prestataires).
- Ce processus doit être visible et perçu positivement par les clients.

La qualité de l'expérience client est prédictive de la réussite

Le rapport *ForeSee Index Report* de 2013 a croisé les réponses des clients entre les niveaux de satisfaction client et le comportement d'achat futur. Ainsi, on note que les clients les plus satisfaits des entreprises sont 72 % plus engagés que les autres et que les réponses des clients « très satisfaits » comparées aux clients « moins satisfaits » sont toutes plus positives. En effet, on constate que les écarts entre les deux groupes de clients sont :

- 83 % de plus dans les intentions d'achat futurs ;
- 77 % de plus dans l'envie de recommander la marque ;

- 76 % de plus dans le niveau de confiance à l'entreprise ou sa marque ;
- 75 % de plus dans le taux de préférence à la marque ;
- 63 % de plus dans l'intention d'achat à la prochaine occasion ;
- 60 % de plus dans l'intention de continuer à faire des affaires avec la société à l'avenir.

En construisant aujourd'hui de la satisfaction et de la qualité, vous bâtissez une expérience client qui vous garantit une performance durable, des achats plus fréquents, des recommandations et une envie plus forte de continuer à faire le voyage en votre compagnie... La qualité de l'expérience vous permet de garantir les 3 R : réachat, rétention, recommandation

Donc, si vous voulez garantir votre réussite faites en sorte qu'aucun de vos clients ne garde le souvenir d'une « mauvaise expérience »

L'expérience client est le nouveau marketing

L'un des Webinar de la CXPA (*Customer Experience Professionnals Association*) a reçu Steve Cannon, PDG de Mercedes-Benz USA. À cette occasion, il a délivré un message important pour tous les décideurs qui veulent fournir une expérience client exemplaire à leurs clients.

Témoignage de Steve Cannon

Si vous n'avez pas une équipe de direction passionnée par la *Customer Experience* avec un vrai leadership sur le sujet, vous n'attendrez jamais l'objectif.

Partager notre culture et notre vision de l'expérience client, c'est la chose la plus importante que nous faisons chez Mercedes et nous le faisons parce que nous avons des clients les plus exigeants de la planète.

La *Customer Experience* doit être tout en haut de votre liste quand il s'agit de définir les priorités de votre organisation

Quand j'ai commencé il y a trois ans, l'expérience client a été ma priorité n° 1. Nous avons mis une équipe entière consacrée à ce sujet et avons décidé de prendre un regard plus holistique sur l'expérience client et de remettre à plat la carte du parcours client.

Notre entreprise a besoin d'une équipe de direction très dynamique. La recherche de l'excellence opérationnelle a été notre billet d'entrée dans cette aventure.

Redéfinir les paramètres qui définissent une très grande expérience de la clientèle, cela commence d'abord avec l'expérience des employés. Il n'est pas possible de livrer une grande expérience à nos clients avec des employés misérables. Nous avons constaté qu'il existait des magasins où 80 % des employés étaient considérés comme « en retrait » ou activement « désengagés » de leur mission de service et de dévouement à la clientèle.

Un autre ingrédient clé dans le changement de la culture interne a consisté à inviter les 23 000 employés, sur plusieurs années, pour assister à une session d'immersion afin qu'ils puissent voir les normes et le niveau d'exigence avec lesquelles les voitures sont construites.

Ce projet de *Customer Experience* a été une belle histoire fédératrice et un investissement incroyable qui nous a permis de créer une vraie marée montante englobant le capital humain de toutes nos activités.

Si vous dites à tout le monde que c'est une priorité, alors vous devez le vivre tous les jours comme une priorité. Si vous n'êtes pas l'évangéliste en chef de l'expérience client de votre entreprise, ceci n'aura jamais la même intensité dans la « réalisation, et n'aura le même degré d'urgence que vous souhaitez.

Article paru dans *Loyalty 360,*
« Mercedes Benz CEO :
Customer Experience is the New Marketing »

Focus

Les 10 lois de l'expérience client

L'expérience client est une nouvelle religion dont le sigle ZAG « Zappos, Apple, Google » est devenu la nouvelle trinité. L'expérience client, cela n'arrive pas tout seul, par magie ! Voici les 10 grandes lois de l'expérience client :

1. La création d'une expérience client exceptionnelle se construit sur la seule volonté de la direction.
2. L'expérience client repose sur du solide et des éléments contrôlables : « les points de contacts » ou moments de vérité.
3. Ceux-ci peuvent être nombreux, mais ils peuvent être identifiés, conçus et intégrés dans la politique marketing et de qualité de service.
4. Tous les points de contact sont sous le contrôle de votre société et d'elle seule !
5. Si vos concurrents offrent une meilleure expérience client que vous, c'est qu'ils ont compris des choses que vous ignorez !
6. L'élaboration d'une expérience client exceptionnelle nécessite « seulement » une bonne collaboration entre tous les maillons de votre entreprise.
7. Vous devez comprendre le « voyage » que vos clients font avec votre entreprise.
8. Vous devez « toujours » vous mettre à la place du client pour comprendre l'expérience que vous délivrez.
9. Ce voyage est composé d'éléments du « parcours client ».
10. La qualité du voyage est inversement proportionnelle au nombre d'incidents de parcours.

Et n'oubliez jamais que c'est vous le chef de train !

L'expérience client sera « LE » facteur clé de différenciation

Le débat sur l'expérience client (Cx) ne porte plus sur « à quoi ça sert », qui est déjà dépassé, mais « comment s'y mettre vite ». Tel est le propos de Diane Magers, expérience client exécutif chez AT&T.

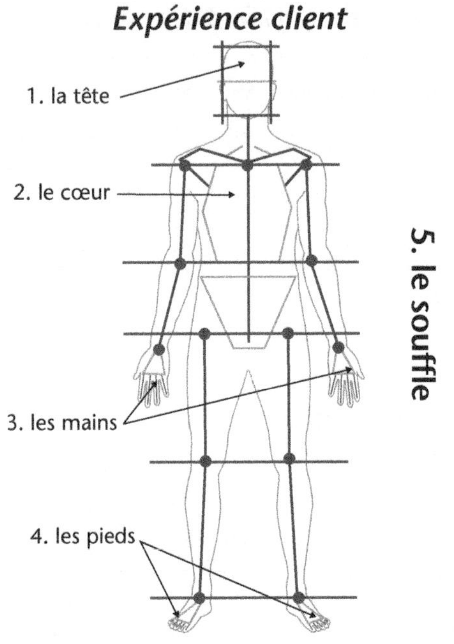

Figure 2.1 – Expérience client

Diane Magers a pris la parole au cours d'un exposé très remarqué, lors de la 4e convention annuelle « Engagement & Expérience Expo » qui s'est tenue le 12 novembre 2014 à Dallas.

En 2020, « l'expérience client » dépassera la valeur « prix/produits » comme facteur de différenciation et de fidélité aux marques. Parvenir à une société véritablement centrée sur le client, incorporé dans sa culture, cela impose de considérer ce projet « comme un être vivant » :

1. La tête (penser/faire)
   - Que délivre-t-on au final ?
   - Pourquoi c'est important pour nous et nos clients
   - Développer nos compétences « *Customer Centric* »
   - L'analyse des parcours clients

2. Le cœur (ressentir/comprendre)
   - Motiver, inspirer
   - Quel est mon rôle dans cet ensemble ?
   - Alignement des valeurs personnelles sur les valeurs Cx de l'entreprise
   - Lien émotionnel entre le client, l'entreprise et ses hommes
3. Les mains (usage/impact)
   - Outils et ressources nécessaires
   - Que faire pour offrir une bonne Cx ?
   - Normes de travail et cohérence d'entreprise
4. Les pieds (avancer/mesurer)
   - Comment mesure-t-on le chemin réalisé et à parcourir vers le succès client ?
   - Le suivi des changements et de leurs impacts (mesures, métriques, et avantages)
5. Le souffle : le changement de culture !
   - Créer une attitude « client d'abord »
   - Prendre en charge la dimension émotionnelle et humaine qui nous relie à nos clients
   - Engager chacun de nous à investir, se différencier et innover dans la Cx
   - Créer de la fidélisation clients via plus de valeur ajoutée et plus de différenciation concurrentielle

L'investissement doit venir des entreprises et c'est un des points et les plus critiques pour créer une organisation et un environnement véritablement centrés sur le client. Une entreprise « *customer centric* » doit considérer trois éléments :

- Comment les dirigeants décrivent et voient leur société ?
- Comment les employés connaissent et vivent l'entreprise ?
- Comment les clients « subissent » la société.

Diane Magers énumère cinq chantiers à mettre en place chez les sociétés qui veulent s'y mettre vite :

- Définir une stratégie et un plan pour arriver à une meilleure expérience client.
- Travailler « sur » (analyser) et « dans » (le vivre) le parcours client.
- Changer les mentalités : faire entrer de nouvelles compétences, favoriser l'éducation des équipes.
- Inclure des processus, des outils et des ressources centrées sur l'expérience client.
- Engager tout le monde !

« La clé de la réussite c'est d'intégrer l'orientation client dans tous les processus, ainsi que de fournir des outils et des évaluations »

Diane Magers, Customer Experience Executive, AT&T[1]

Expérience d'achat dans la distribution ?[2]

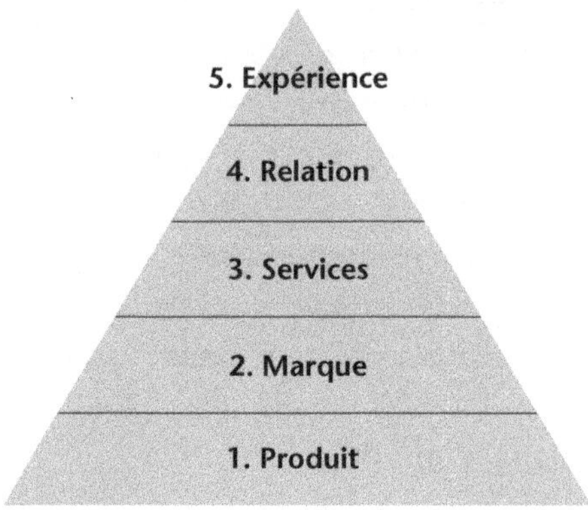

Figure 2.2 – Expérience d'achat dans la distribution

Quel est le point commun entre les magasins Abercrombie & Fitch, les magasins amiraux de Vuitton, un parc sportif d'Oxylane Village, la grande surface Wholefoods et un magasin Sephora ?

Ces enseignes définissent leur positionnement autour de « l'expérience d'achat ». Elles promettent au chaland d'accéder à leurs produits à travers une interaction gratifiante, organisée dans un environnement hautement théâtralisé, source de stimulations multi-sensorielles, de nature à laisser un souvenir plaisant. Elles témoignent d'une orientation stratégique dominante dans le commerce de détail et promettent une interaction du consommateur avec le produit qui soit à la fois plaisante, mémorable, et créatrice de sens.

Il ne suffit plus que le point de vente propose des produits, même entourés de services : il doit aussi offrir un environnement d'achat surprenant, stimulant, en un mot une « expérience d'achat ».

Cet engouement des détaillants pour la promesse d'une expérience client trouve sa source dans l'évolution de l'environnement des firmes de distribution. Cette évolution est conforme aux prévisions de Pine et

1 Pour lire l'article original (en anglais) : « Customer Experience Has to Be the Key Differentiator for Companies ».

2 Cette réflexion est tirée de la très intéressante étude « L'expérience du consommateur dans le commerce de détail. Une revue de littérature », *RAM*, n° 28(3), pp. 84-113.

Gilmore en 1999. Rappelons que selon ces auteurs, l'offre des producteurs sur un marché :

- débute à partir d'un produit ;
- celui-ci s'enrichit d'une marque ;
- est ensuite complété par des services ;
- puis devient enfin le vecteur d'une expérience.

L'évolution du commerce de détail obéit à ce principe. La dynamique de l'affrontement commercial entre formes de vente ou entre enseignes repose :

- sur la recherche constante de nouvelles sources de différenciation ;
- que les concurrents s'empressent d'imiter (Hirschman, 1979).

La majorité de l'offre se concentre alors autour d'un même positionnement, qualifié de « Big Middle » (Levy, 2005). Pour tenter de développer leur différenciation, et conformément au modèle de Pine et Gilmore, les détaillants vont successivement

- s'appuyer sur leur marque (leur enseigne) ;
- puis adjoindre des services aux produits vendus ;
- et enfin tenter de proposer une expérience en magasin.

Les 10 « irritants » dans l'expérience client en magasin

Quels sont les « irritants » qui créent une mauvaise expérience, génèrent de l'insatisfaction et font qu'un visiteur ou client quitte le magasin ?

Irritant est un vocable utilisé par nos cousins du Québec et qui dit bien simplement les choses... C'est même devenu une rubrique du blog « Le sens du client » de Thierry Spencer.

30 secondes, voilà le temps dont dispose le commerçant pour créer un étonnement, une curiosité, une émotion liée aux cinq sens du consommateur quand il entre dans son magasin. En fait, ce ne sont pas uniquement le prix ou l'absence de technologie qui font quitter le client, mais aussi des éléments sur lesquels le commerçant peut et doit agir.

Les facteurs irritants et les émotions négatives dominent les aspects positifs dans le bilan l'expérience client. Les 10 plus grands « irritants » en magasin sont :

1. Vente sous pression.
2. Affluence ou foule.
3. Attitude négative du personnel.

4. Indisponibilité du personnel.
5. Être trompé par un vendeur ou conseiller.
6. Un vendeur qui n'écoute pas les besoins du client.
7. Température trop chaude dans le magasin.
8. Malpropreté.
9. Musique trop forte.
10. Mauvaise odeur.

Vos stratégies de marketing, de management et de marchandisage devront être dirigées vers les irritants spécifiques qui affectent le plus votre segment de clientèle. L'étude HEC recommande pour cela :

- d'améliorer l'humeur du client en créant des opportunités pour qu'il se sente bien ;
- d'avoir un design plaisant pour tous les sens de votre client ;
- de former le personnel pour améliorer ses compétences ;
- de donner des petits cadeaux ;
- d'améliorer la qualité du service[1].

L'essentiel

▸▸ Tous les maillons et les silos de votre entreprise fabriquent un peu l'expérience de vos clients. Regardez le monde avec les yeux de vos clients, faites le parcours client en vous mettant à leur place, ne partagez pas vos préférences mais explorez les besoins et les attentes des clients.

▸▸ Vos clients sont prêts à payer un peu plus cher, à ne pas regarder les offres des concurrents et vous garantir leur fidélité tant que vous leur offrirez une expérience client de bon niveau.

▸▸ Les outils de connaissance et de mesure de l'expérience client existent, utilisez-les, n'attendez pas que votre entreprise soit parfaitement alignée, lancez-vous vite dans l'écoute client, vous apprendrez beaucoup de choses et aiderez votre entreprise à progresser.

1 Pour consulter la liste de tous les irritants, nous vous invitons à consulter « *Irritating Aspects of the Shopping Environment* », Alain d'Astous, École des HEC, Montréal.

Avis d'expert

Floriane Boutonnet, responsable qualité chez VVF Villages

J'ai toujours connue VVF avec la volonté de savoir quelle était l'appréciation des clients sur les prestations fournies. Toutefois, soucieuse de mieux répondre aux besoins des clients, j'ai mis « un coup d'accélérateur » en 2011, en faisant le choix d'affiner l'évaluation des résultats par :

- une analyse plus détaillée ;
- l'identification d'axes d'améliorations ;
- et surtout la mise œuvre de plan d'action prioritaire.

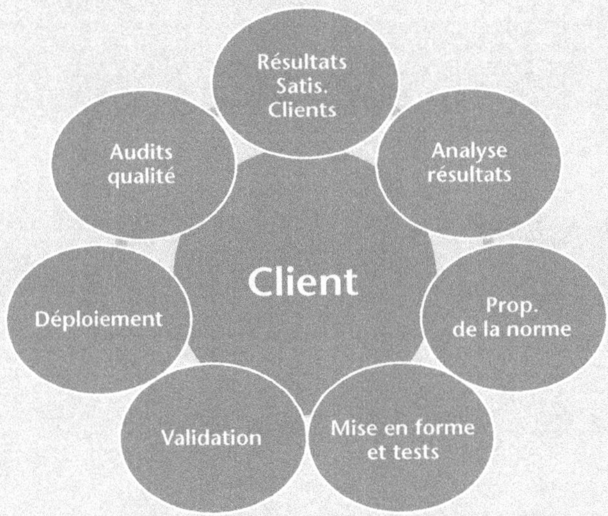

Cette année, une nouvelle question a été inscrite dans l'enquête envoyée à nos clients par messagerie après leur séjour : le taux de recommandation (NPS). Par ailleurs, nous portons une attention particulière aux quelques réclamations ou avis de clients mécontents auxquels une réponse systématique et personnalisée est faite. Tout ceci, ajouté à un suivi des avis sur les réseaux sociaux, des audits qualité internes, permet à VVF de s'inscrire dans une démarche vertueuse.

Afin que cette démarche soit partagée par tous les salariés, la dimension qualité est intégrée à part entière lors de la formation « CAMPUS » dispensée aux personnes souhaitant s'orienter vers une direction de village.

Dans le même esprit, une nouvelle méthode de management innovante se déploie dans l'entreprise : la méthode « LEV » pour « Leader d'Expériences Vacanciers » qui valorise toutes les équipes tout au long du parcours client. Dès lors, une meilleure compréhension des attentes favorise une réponse adaptée qui génère plaisir, enthousiasme et sécurité pour tous. »

» Une anecdote illustre bien cette façon d'agir : lors des périodes très chargées, le directeur du village d'Évian accueille et oriente lui-même les clients dès leur arrivée sur le parking assurant ainsi une prise en charge bien en amont de l'accueil physique classique. Une telle approche est d'autant plus efficace qu'elle permet de s'adapter aux clients en fonction de leur segmentation (selon des données suivies et analysées par le service marketing via une base RFM).
Une attention portée aux personnes (clients et salariés), des villages de vacances à taille humaine, une intégration dans un environnement privilégié, une solidarité avec le tissu économique local : c'est tout cela VVF Villages !

Chapitre 3

L'enquête de satisfaction

Executive summary

- **Les études de satisfaction client** sont l'outil de base et le « couteau suisse » dans le marketing de la relation client. Mais au-delà de leur apparente simplicité, c'est un domaine plus riche et complexe qu'on ne le croit.
- **Il existe** beaucoup de livres sur « Comment réaliser votre première enquête de satisfaction client » et vous les avez déjà lus… Je vais vous montrer les techniques, trucs et astuces pour aller plus loin.
- **Entre étude** « à froid ou à chaud », les avis clients, les modes d'enquêtes par mail, par SMS, QR Code, ou tablettes, les outils se sont très diversifiés au cours des cinq dernières années.
- **Quoi faire** avant, pendant et après l'enquête, comment construire un « bon » questionnaire (et vérifier qu'il l'est bien), comment savoir ce que les clients pensent des concurrents, comment connaître l'importance des critères et éviter que vos résultats ne tombent dans le piège de la pastèque (vert dehors rouge dedans) ?

L'évolution du marché : des études aux avis

Les technologies et l'innovation ont modifié le paysage de la relation client et les modes d'écoute et de mesure en quelques années. Il existe trois types d'écoute ou de collectes différentes avec 13 caractéristiques distinctes...

Au début était « l'étude de satisfaction »

- Menée de manière « scientifique » auprès d'un échantillon de clients représentatif.
- Un véritable outil de « mesure ».
- C'est toujours l'outil le plus utilisé par les entreprises, pour suivre la qualité de service et de la relation client.

Ensuite sont venus « les avis clients »

- Nés grâce à Internet, ce sont les « enfants adultérins » de la volonté de prise de parole des clients et de la montée en puissance des sites de réservation. Ces derniers se sont nourris de ces avis pour asseoir leur légitimité.
- Du fait du développement d'Internet, les avis sont devenus en quelques années un élément incontournable de l'image de marque des entreprises et de leur e-réputation...
- Alors que les études parlent de « mesure », les enjeux des sites d'avis sont totalement liés à la « communication ».

« L'écoute client » a toujours été plus ou moins présente

Des feuilles de papier à déposer dans une urne, un numéro de téléphone du service client plus ou moins bien mis en place, le nom du directeur placardé à l'accueil, les moyens ont souvent été artisanaux pour aider les clients à faire remonter leurs insatisfactions...

La technologie évolue aussi de ce côté : QR Codes, smartphones, tablettes tactiles à l'accueil, bornes en rayon, totem en magasin, il ne se passe pas un mois sans voir apparaître une nouvelle offre dans ce domaine.

Relation clients : les 4 outils...	1 Étude	2 Avis	3 Écoute	4 Expérience
1 Outil type...	Sondage	Site Web externe à l'entreprise	Écoute clients	Sondage à chaud
2 Mots-clés	Sondage à froid sur un échantillon représentatif	Améliorer la réputation de l'entreprise via les avis des clients	Écouter les clients en points de vente	Écouter les clients durant tout leur parcours
3 Mode recueil	Tous (tél, Web, papier, face à face)	Web	Tablette, QR Code, site Internet	Web, tél, tablette, QR Code, site Internet
4 Lieu	Partout...	Internet	Lieu de vente, de passage, site	Après un événement
5 Initiative	Votre entreprise	Les sites d'avis (pourquoi pas vous ?)	Votre entreprise	Votre entreprise
6 Acteurs types	Entreprise + institut	Site Web externe à l'entreprise	Entreprise + institut	Entreprise + institut
7 Répondants	Sur recrutement	Volontaires, tout le monde	Volontaires, passage lieu de vente, visiteurs site	Volontaires, après événements vente, visiteurs site
	Que les clients	Clients et prospects (concurrents ?)	Clients et visiteurs du point de vente, site	Que les clients après expérience
8 Échantillon	Représentatif	Non représentatif	Représentatif « que » du passage	Représentatif « que » des répondants
	Contrôlé, quotas (télé et Web)	Spontané, non contrôlé	Spontané, non contrôlé	Spontané, non contrôlé
9 Mode réponse	Contrôlé	Spontané	Spontané	Spontané
10 Questionnaire	Court ou long	Très court	Très court	Très court

»

»

Relation clients : les 4 outils...	1 Étude	2 Avis	3 Écoute	4 Expérience
13 Budget/ Investissement	****	Gratuit (ce n'est pas vous qui payez, le site d'avis a son modèle économique)	**	****
14 Enjeux et mots-clés	Mesurer, comprendre, s'améliorer	Communiquer, vendre, rassurer, e-réputation, image	Faire remonter les insatisfactions locales, agir en temps réel au plus près du terrain	Faire remonter les insatisfactions, agir en temps réel au plus près de l'événement

La réalisation de votre enquête de satisfaction

Quelle « com interne » avant l'enquête de satisfaction client ?

Faire un point sur la qualité de service ou sur un bilan de l'expérience client est un rendez-vous important entre l'entreprise, ses collaborateurs et ses clients. Si vous réalisez votre enquête de satisfaction client pour la première fois, tout ce qui va suivre va fortement vous intéresser. Mais avant la réalisation de votre étude, voici une liste de 8 idées pour favoriser l'implication interne dans l'écoute de la qualité perçue par les clients.

1. Créez un comité de pilotage du projet.

- Ce comité doit réunir des collaborateurs de différents services avec pour premier objectif d'identifier les critères et de valider la communication interne du projet (quels sont tous les critères sur lesquels les clients nous jugent ou nous apprécient ?).
- La création de ce comité est un gage de transparence du projet et un moyen de prendre en compte des points auxquels vous n'auriez pas pensés.

2. Soumettez un premier projet de questionnaire en interne.

- Il s'agit ici proposer une première sélection des critères de mesure à l'ensemble du personnel, qu'il soit ou non en en contact client.

- Le comité de pilotage pourra avoir identifié un bon nombre de critères possibles, l'idée est de demander à l'interne de n'en retenir que la moitié : quels sont les 30 critères que, selon vous, nous devrions retenir dans la mesure de notre qualité de service ?

3. Publiez un article dans le journal interne.

- Interview du président et/ou de la direction de la qualité sur les enjeux de la relation client pour l'entreprise.
- Le calendrier du projet.
- L'équipe et les apports du comité de pilotage.

4. Réalisez une enquête « miroir ».

- Celle-ci est destinée à recueillir l'opinion de l'interne sur l'estimation du niveau de satisfaction des clients.
- On la compare ensuite avec les vrais résultats (voir chapitre sur l'enquête miroir).

5. Réalisez une vidéo ou une infographie destinée à présenter la démarche satisfaction clients (mesure et suivi) à l'ensemble du personnel extérieur au siège (DR, bureaux et points de vente).
6. Publiez régulièrement des articles sur l'intranet ou sur le blog de la société.
7. Communiquez sur l'avancement du calendrier de l'étude.
8. Faites une invitation à la présentation des résultats (mais là, on est déjà dans l'après...).

Quelle population ?

Dans une enquête, on appelle « population » l'ensemble des clients de la société. Si la population n'est composée que de quelques dizaines ou centaines de clients, on peut envisager d'interroger la totalité des clients. Plus la population est faible, plus vous pouvez chercher à interroger tout le monde. Dans la pratique, les réalités et les aléas du terrain d'enquête (refus de répondre, injoignable, etc.) ne permettent d'interroger que 70 % à 80 % de la clientèle, ce qui est déjà très bien.

Lorsque la taille de la population est importante : plusieurs centaines, milliers de clients ou plus, il faut prélever un échantillon représentatif de la population de référence.

Contrairement à une idée reçue, la taille de la population n'influence pas directement le calcul de la taille d'échantillon ! La taille de l'échantillon dépend en fait de trois facteurs :

- le nombre de niveaux d'analyses pour lesquels vous attendez un résultat précis ;

- le taux de précision recherché ou accepté dans ses résultats (l'intervalle de confiance) ;
- les budgets alloués : la précision a un coût, on peut toujours acheter plus de précision, mais il faut bien trouver une limite...

Le mode d'enquête change vos résultats !

Le mode d'enquête n'est pas neutre dans les résultats. Ainsi, les enquête de type « auto-administrées » ont tendance à augmenter le taux d'insatisfaction par la plus forte prise de parole « libre » des insatisfaits.

Un échantillon recruté par un sondage téléphonique est « surveillé » de plusieurs façons :

- Par la volonté de « recruter » des personnes difficiles à joindre (multiplication du nombre d'appels, tentatives à des jours et des heures différentes, que l'on appelle techniquement « le coefficient d'insistance »). Vous arriverez à joindre les individus présents dans un fichier si vous y mettez les moyens...
- Par le fait que vous appelez « tout le monde » ; vous obtenez donc des réponses de clients très satisfaits (peu), pas du tout satisfaits (peu) et moyennement satisfaits (la majorité).
- Par la gestion de quotas ; connaissant la structure de la population de départ, vous pouvez gérer des quotas sur le terrain et rappeler des jeunes, des Bretons et des cadres, si ces groupes manquent pour parfaire votre échantillon représentatif.
- Un échantillon recruté par un sondage Internet est « auto-administré » c'est-à-dire que vous ne contrôlez pas le recrutement de votre échantillon qui ne sera représentatif que de lui-même.
- Même si vous procédez à un redressement statistique sur des critères socio-démographiques, vous n'aurez pas un « vrai » échantillon représentatif...
- Dans les enquêtes auto administrées, les extrêmes répondent plus que le centre !
- Les très satisfaits vont avoir plaisir à vous confirmer que « c'est super ce que vous faites ».
- Les très insatisfaits vont eux profiter de l'occasion qui leur est donnée pour se manifester...

Un professeur de marketing me disait (avant l'ère Internet et le 2.0) qu'une enquête postale multipliait par 1,5 le taux d'insatisfaits par rapport à leur proportion « normale » dans la population. Nous avons souvent eu l'occasion de vérifier ce principe et je vous en donne la preuve dans cette étude où nous avons réalisé la même enquête (même questionnaire – même cible B to B) avec deux modes d'enquêtes différents :

- Téléphone : recrutement, prise de rendez-vous et contrôle des quotas afin de garantir la représentativité de l'échantillon par rapport à la population de référence.
- Enquête via Internet : envoi d'un mail personnalisé d'invitation à répondre, et deux relances aux non répondants.

Les résultats sont édifiants :

- 22 % d'insatisfaits avec le téléphone...
- 39 % d'insatisfaits avec le Web !
- Un coefficient de 1,77.
- Soit 77 % d'insatisfaits de plus avec le mode Web.

Commentaires :

- C'est l'effet connu des enquêtes auto-administrées avec échantillon volontaire !
- Les mécontents prennent plus la parole que les autres pour se plaindre...
- Les « normalement » satisfaits n'ont rien d'extraordinaire à vous dire (« vous faites bien votre boulot et alors »...).
- Sur le plan « management de la qualité », ce n'est pas inintéressant car vous faites remonter beaucoup d'insatisfactions, vous tirez la critique à vous et vous disposerez d'un bon matériau pour vous améliorer.
- En reproduisant régulièrement la même enquête Web vous mesurez la même chose et vous voyez :
  - si le taux d'insatisfaits diminue (c'est bon signe) ;
  - si les mécontentements sont les mêmes.

Comment faire un bon questionnaire

La construction d'un questionnaire « pertinent » comprend quatre grandes étapes, certaines sont obligatoires, d'autres sont facultatives mais elles peuvent apporter plus de valeur à votre travail.

1. Comité de co-pilotage interne.
2. Écoute externe clients.
3. Validation interne.
4. Validation externe.

■ Comité de pilotage interne

La première étape consiste à réunir un groupe de travail interne de collaborateurs réellement concernés par la relation et le contact client (commerciaux, service clients, service qualité, marketing, vendeurs, chefs de régions, etc.). Plus le groupe est hétérogène mieux c'est ! Vous aurez de multiples points de vue sur la vision clients... Ce groupe doit être compris entre 8 et 12 personnes maximum pour être efficace. Prévoir 2 à 3 heures de travail. Les objectifs assignés à ce groupe sont doubles :

- Définir par une écoute interne quels sont les grands thèmes, les critères devant servir de base à la mesure et identifier tous les points possibles (perceptibles par le client et importants pour lui).
- Communiquer et fédérer l'interne autour du projet et « dédramatiser » l'outil de mesure qui est souvent ressenti comme un outil d'évaluation individuel... Mettre tout le monde d'accord sur la méthodologie retenue (mode d'enquête, taille d'échantillon, type d'échelle, calendrier, etc.) et préparer à la remise des résultats, en bref, créer de l'envie et éliminer les blocages...

■ Écoute externe

La deuxième étape consiste à réaliser une phase d'écoute clients afin de préciser quels sont les critères importants sur lesquels repose leur évaluation d'un « bon » fournisseur. Cela peut être réalisé à partir d'entretiens individuels ou d'une réunion de groupe. L'objectif n'est pas de savoir sur quoi vous êtes « bon ou mauvais » mais de savoir sur « quoi » on vous juge... Il faut prévoir entre 10 et 30 entretiens selon l'homogénéité de votre clientèle.

Si vous avez peu de budget ou pas de délai, cette phase peut être supprimée (c'est dommage) pour autant que la phase précédente « d'écoute interne » ait été bien menée selon les règles de l'art...

■ Validation interne

Cette étape consiste à soumettre un avant-projet de questionnaire à l'ensemble des collaborateurs concernés par la relation clients en leur demandant d'évaluer l'importance pour les clients de chaque critère dans l'évaluation de votre qualité de service. Cette évaluation interne poursuit deux objectifs :

- Communiquer auprès du plus grand nombre, annoncer l'étude et présenter les critères de mesures envisagés.
- Aider à la sélection des critères entre ceux qui ont été considérés par tous comme « essentiels ou secondaires ».

■ Validation externe

Cette dernière étape de validation quantitative externe peut être utilisée dans deux cas :

- Vous avec impérativement besoin de disposer d'un questionnaire « indiscutable » sur le plan de la politique interne (vous êtes un service public – une grosse entreprise – des enjeux financiers découlent des résultats, etc.). Dans ce cas, toute sélection qualitative (interne ou externe) peut sembler suspecte...
- Vous avez des segments de clients très différents entre eux (petits commerces/grande distribution) et vous pressentez que les critères de mesure de chaque questionnaire ne seront pas les mêmes au sein de la liste issue des phases d'écoute précédentes.

Dans ce cas, un sondage préliminaire réalisé auprès de quelques centaines de clients vous permettra d'obtenir une validation quantitative indiscutable de la sélection des 30/40 critères devant figurer dans le questionnaire final. Vous pouvez envisager de réaliser plusieurs questionnaires spécifiques à vos cibles si chacune d'elle a retenu des critères différents...

Focus

22 conseils pour construire un « bon » questionnaire de satisfaction

1. Joignez une lettre de votre direction (si enquête en postal), un petit mot d'introduction (Web), valorisez l'objet de votre appel (téléphone) pour motiver vos interlocuteurs et faire passer l'esprit satisfaction clients qui anime votre démarche.
2. Posez votre question sur la satisfaction globale en début de questionnaire (ce que l'on appelle la note de cœur) les opinions sont plus sincères et un peu plus sévères en début d'interview qu'à la fin.
3. Utilisez de préférence une échelle mathématique pour le téléphone et une échelle sémantique pour le postal ou le Web.
4. Si vous réalisez une enquête à l'international, utilisez de préférence une échelle « sémantique » plutôt qu'une échelle mathématique. Les notes n'ont pas la même valeur selon les pays, les mots oui...
5. N'abusez pas des questions ouvertes : une en fin de thème c'est bien, une à chaque question, c'est un peu lourd...
6. Posez éventuellement deux questions ouvertes en fin de questionnaire de satisfaction : 1° ce que vous avez aimé, 2° ce que nous devons améliorer. Vous »

»» aurez moins de problèmes sur l'analyse de la tonalité (positive ou négative ?) lors de l'analyse des réponses aux questions ouvertes.

7. Ou posez éventuellement une question ouverte conditionnelle pour chaque réponse où vous êtes mal noté. On appelle cela les « questions tiroirs » que vous n'ouvrez qu'en cas d'insatisfaction.

8. Articulez votre enquête avec des thèmes généraux (commercial, logistique) et les critères qui les définissent ensuite (fréquence de visite des commerciaux, qualité de la livraison).

9. Placez les questions de signalétique en fin de questionnaire, pas au début.

10. Posez une question de levée d'anonymat si vous souhaitez donner une suite opérationnelle aux insatisfactions relevées (obligatoire par la CNIL).

11. Si vous analysez la satisfaction vis-à-vis de la concurrence, limitez-vous à 1 ou 2 concurrents au maximum.

12. Dans l'analyse concurrentielle, posez des questions de comparaison sur les grands thèmes, pas sur chaque critère !

13. La bonne question dans l'analyse concurrentielle est : « Vous nous considérez comme "meilleur, pareil, moins bon" que x ? ». Avec une seule question vous savez situer votre performance, au global ou sur les grands thèmes.

14. En analyse concurrentielle, posez une question sur votre position en tant que fournisseur : « On arrive en premier ou en second dans vos achats ? ». Vous pourrez analyser les réponses selon votre « part de portefeuille client ».

15. Posez la fameuse question de recommandation et vous pourrez calculer le NPS qui est très à la mode dans le monde managérial…

16. N'oubliez pas de poser des questions orientées fidélité (recommandation, réachat, préférence, etc.)

17. Bannissez toutes les questions qui ne reposent pas sur une vraie « expérience » de vos clients, c'est une enquête de satisfaction, non une enquête de notoriété ou d'usage.

18. Limitez votre enquête à 4/6 pages pour l'écrit et à 10 ou 15 minutes pour le téléphone.

19. Enquête par téléphone : en divisant le nombre de questions que vous posez par 3, vous obtenez un rapide estimatif de la durée d'interview téléphonique de votre enquête en minutes : 15 questions, c'est 5 minutes…

20. Testez toujours votre questionnaire dans votre entourage avant sa réalisation, vous aurez une idée de sa durée d'administration et des malentendus éventuels.

21. Proposez éventuellement un don à une association de votre choix pour chaque questionnaire reçu. C'est un très bon moyen d'augmenter votre taux de participation.

22. Posez une question de levée d'anonymat si vous souhaitez donner une suite opérationnelle aux insatisfactions relevées.

Donne-t-on la même note de satisfaction si la question est en début ou en fin de questionnaire ?

Nous avons voulu répondre à cette question et avons, il y a quelques temps, mené une analyse comparative sur des bases strictement comparables en réalisant 6 études de satisfaction avec les mêmes bases méthodologiques :

- même sujet ;
- même mode d'enquête (téléphone) ;
- même questionnaire ;
- même type de population ;
- même structure d'échantillon.

La conclusion est la suivante : on note plus sévèrement si la question est au début (et c'est mieux) !

Cette étude avait été conçue avec une double notation de la satisfaction globale :

- une première note globale « de cœur » en tout début d'enquête ;
- la même note de satisfaction globale « de tête » en fin d'enquête.

Contrairement à ce que l'on pourrait croire, la note « de tête » en fin de questionnaire est plus positive et obtient en moyenne 0,35 points d'écart avec la note « de cœur » de début d'enquête. Les clients interrogés sont donc plus positifs après le passage en revue d'une trentaine de critères, la possibilité d'évaluer la prestation de manière très analytique et d'exprimer librement leurs insatisfactions. L'évaluation contribue à rendre le jugement final légèrement plus positif. Vous avez donc deux choix :

- Vous voulez des résultats « positifs » : mettez la note globale à la fin ! (note de tête) = étude somnifère !
- Vous voulez des résultats « plus sévères » et plus révélateur de l'opinion spontanée de vos clients : mettez la note globale au début (note de cœur) = étude vitamine !

L'objectif des enquêtes de satisfaction étant « de tirer la critique à soi pour s'améliorer », nous conseillons :

- de mettre la question de satisfaction globale en début de questionnaire ;
- de toujours privilégier « la note de cœur », même si vous obtenez un jugement légèrement plus sévère, elle est plus sincère.

Les questions de fidélisation

Le taux de fidélité des clients impacte directement la rentabilité des entreprises. C'est un indicateur avancé de la croissance. Toutes les démarches de mesure de la satisfaction, d'écoute des clients, de gestion des avis ne visent que cet objectif : améliorer la fidélité des clients.

Vous pouvez suivre la fidélité de vos clients simplement en regardant leur taux d'ancienneté. C'est très simple : vous regardez la date de votre première relation. Vous le l'avez pas ? Alors continuons... De toute façon, même si vous le saviez, vous n'auriez qu'une information qui ne vous mènerait pas bien loin...

- *« Savoir si vous clients vous seront fidèles, cela ne figure pas dans vos fichiers ! »*

C'est pour cela que vous devez poser des questions orientées fidélité dans vos études de satisfaction ! Cela va intéresser votre direction marketing, rendre curieux votre direction générale et vous permettre de sortir de la « tyrannie des taux » et de leur inutilité.

Les questions de fidélité sont prédictives de la croissance de l'entreprise et peuvent être regroupées en trois ensembles de type de fidélité :

- Rétention : vos clients restent chez vous et se tournent moins vers les concurrents.
- Recommandation : vos clients préconisent votre marque ou vos produits/service à leur entourage.
- Comportement : vos clients achètent plus chez vous.

Focus

7 questions de fidélisation à poser dans vos enquêtes de satisfaction clients

Adaptez ce questions à votre activité. Les réponses vont de 0 : pas du tout probable à 10 : très probable.

1. Pensez-vous que vous serez toujours client de notre entreprise dans 6 mois, un an ?
2. Quelles sont les chances de renouveler « votre contrat, votre achat » avec notre société ?
3. Pensez-vous élargir vos achats dans notre gamme sur d'autres produits qui vous intéressent ? »

» 4. Quelle serait la probabilité pour que vous nous recommandiez à vos amis/collègues ?
5. Si demain nous proposions un nouveau produit qui vous intéresse, est ce que vous l'achèterez chez nous ?
6. Si demain l'un de nos concurrents vous proposait le même nouveau produit que nous, pensez-vous que vous l'achèterez de préférence chez nous ?
7. Pensez-vous à l'avenir acheter « plus-pareil-moins » chez nous qu'auprès de nos concurrents ?

Utilisation des différents types de questions orientées fidélité

La sélection des bonnes questions de fidélité dans votre étude de satisfaction impose une réflexion, selon votre entreprise et votre marché. Pensez à la façon dont vos clients sont en mesure de montrer leur loyauté envers votre entreprise et mettez des questions de fidélité qui reflètent les comportements que vous voulez gérer.

L'utilisation d'un ensemble de questions orientées fidélité vous permettra d'optimiser les différents types de fidélisation par segment et par conséquent d'améliorer la croissance de l'entreprise. Ces questions peuvent être traitées de plusieurs façons :

- Isolément : analyse de la typologie de fidélité, enjeux économiques actuels des groupes de clients plus ou moins fidèles, extrapolation économique aux questions de comportement, etc.
- Conjointement : croisement satisfaction et fidélité, analyse « explicative » de la fidélité par les critères de satisfaction, etc.

Les entreprises doivent intégrer la fidélisation de leurs clients dans leurs études pour leur donner une vision plus stratégique.

Les échelles de réponses

- Il n'existe pas de « meilleure » échelle.
- Il existe une échelle adaptée à chaque étude (public et mode d'enquête).

Il existe en fait deux types d'échelles de recueil des opinions qui peuvent être utilisées lorsque vous réalisez une étude de satisfaction : les échelles sémantiques et les échelles mathématiques. Certaines échelles sont mieux adaptées à certains modes de recueil :

Mode de recueil	Échelle Sémantique	Échelle Mathématique
Face-à-face	++	+++
Postal	+++	+
Téléphone	+	+++

En général, utilisez :

- l'échelle mathématique en B to B ;
- l'échelle sémantique à l'international.

Enquête à chaud ou à froid ?

À froid, vous faites votre enquête une fois par an, en prenant le recul nécessaire à l'évaluation de la qualité service rendu au cours de la dernière période. Ce type d'étude convient bien aux clients avec lesquels vous avez une relation régulière.

À chaud, vous faites une enquête à chaque « événement » qui structure votre relation avec vos clients (livraison, appels, installation, réclamation). L'avantage de ce type d'enquête est d'être plus proche du moment de la consommation/utilisation du produit/service utilisé et de mieux mettre en évidence les points forts et les points faibles de votre qualité de service. Ce type d'étude convient mieux aux entreprises qui ont des relations « ponctuelles » avec leurs clients ou à celles qui souhaitent mettre sous surveillance quelques moments de vérité importants dans leur relation durable avec leurs clients.

Comment augmenter le taux de réponse de vos clients ?

Proposez donc un don pour chaque questionnaire reçu ! Nous avons réalisé une expérience en adressant la même invitation à répondre à un questionnaire de satisfaction, à deux groupes de clients (même activité B to B) :

- Un groupe A sans aucun engagement...
- Un groupe B avec un engagement d'un don 5 € à une association caritative pour chaque réponse reçue.

Le résultat est net : l'envoi avec promesse de don fait remonter 64 % de questionnaires de satisfaction de plus ! Les chiffres du tableau ci-après donnent le détail de cette expérience. Les raisons de cette différence peuvent être nombreuses :

- bonne image de l'émetteur de l'enquête par un geste citoyen ;

- meilleure visibilité de l'opération par rapport aux enquêtes habituelles ;
- « mauvaise conscience » de ne pas répondre et de pénaliser une association en ne participant pas à l'enquête de satisfaction.

Nous avons constaté cet effet « don » une année avec Air Liquide par rapport au taux de réponse de l'année précédente... Nous avions déjà constaté cet effet il y a quelques années dans une enquête réalisée par Eurocopter. Nous publions ci-dessous les résultats d'une étude menée sur la base d'une étude de satisfaction clients menée pour le compte de 33 cabinets d'experts comptables : 6 AVEC don et 27 SANS don, sur la base de 10 857 clients participants.

	Taux de retour	Mini	Maxi	Cabinets	Clients	Taux de satisfaction
Avec don	50 %	38 %	61 %	6	1 173	88,7 %
Sans don	40 %	24 %	60 %	27	9 684	88,8 %
Moyen	45 %			33	10 857	89 %

C'est une idée que nous proposons assez souvent (nous donnerons x € par questionnaire reçu à une association que nous soutenons) et qui commence à être utilisée, y compris dans des métiers « sérieux » comme celui des experts comptables. Les dons n'influencent pas les résultats !

Nous avons analysé les incidences de la réalisation des opérations de don sur le taux de participation des clients et sur le taux de satisfaction :

- Augmentation de la participation de 25 % !
- Aucune influence sur le taux de satisfaction : proche de 89 % dans les deux cas !
- Le taux de participation est meilleur AVEC don (50 %) que SANS (40 %).
- La règle n'est pas absolue. Certains cabinets « sans don » font parfois aussi bien que ceux « avec don » surtout dans la fourchette haute.

Mais en moyenne, l'opération « avec don » rapporte plus de questionnaires. Le don permet surtout d'éviter les très faibles taux de retour (les seuils du minima sont très différents). D'autres effets peuvent jouer comme l'implication des entreprises dans les relances auprès de leurs clients.

Pour rappel, l'effet des dons est triple :

1. Il améliore les taux de participation.
2. Il donne une image citoyenne de l'entreprise (en interne et en externe).
3. C'est une opération financièrement indolore (loi Coluche : déduction dons aux associations).

L'anonymat des réponses dans les enquêtes de satisfaction client

Lorsque l'on parle d'anonymat, il convient en fait de distinguer deux notions :

- l'anonymat de l'entreprise commanditaire de l'étude : doit-on donner (ou cacher) son nom pour avoir des réponses ?
- l'anonymat des clients interrogés : comment avoir le nom des clients qui ont répondu à l'enquête de satisfaction ?

Deux remarques :

- La CNIL impose l'anonymat des réponses aux enquêtes (réalisées par vos services ou confiées à un prestataire).
- En travaillant votre phrase de proposition de levée d'anonymat, vous pourrez obtenir 80 %, voire plus, d'acceptation et lire les réponses « nominativement »...

Regardons ces deux aspects dans le détail :

■ Anonymat du nom du commanditaire de l'enquête

Lorsque cela est possible, il est préférable de ne pas dévoiler le nom de l'entreprise commanditaire du sondage en vue d'une meilleure neutralité des réponses.

Dans la pratique, dans certaines activités, il est parfois impossible de ne pas dire qui est le commanditaire de l'étude sous peine de refus de répondre... Lorsque l'étude ne concerne qu'un seul fournisseur, le respect de l'anonymat est fragile : à la cinquième question sur votre société, on se doute que c'est vous le commanditaire de l'étude de satisfaction client !

Il convient dans ce cas de demander aux personnes interrogées d'évaluer le fournisseur en toute impartialité. L'expérience démontre que les clients ne sont pas plus sévères lorsque le nom du commanditaire de l'étude est révélé.

Il vaut donc mieux « jouer franc jeu », annoncer l'objet de l'étude en introduction et valoriser l'enquête comme un moyen d'écoute au service des clients. Vous avez intérêt à communiquer vos principaux engagements après l'étude, vos clients auront ainsi l'assurance que leurs propos sont pris en compte et seront prêts à répondre à la prochaine enquête « en toute neutralité et en pleine confiance ! ».

■ Anonymat des réponses des clients

Il est impératif de demander aux clients interrogés de lever l'anonymat de leurs réponses. En effet, la CNIL et la loi informatique et liberté interdisent l'utilisation commerciale des réponses obtenues sous couvert d'enquête, sans l'accord explicite des personnes interrogées. Ce n'est donc pas la levée de l'anonymat des réponses à l'enquête de satisfaction qui est en cause, mais la démarche commerciale individuelle que vous pourriez en faire.

La différence est subtile :

- vous utilisez les réponses individuelles de vos clients pour enrichir votre base CRM, faire du *data mining* de connaissances clients : vous n'êtes pas obligé de demander la levée d'anonymat des réponses (traitement de masse) ;
- vous utilisez les réponses pour reprendre un contact avec le client (vente ou *customer care*), vous êtes obligé de demander la levée d'anonymat des réponses (traitement individuel).

Il convient donc de poser une question d'autorisation de levée d'anonymat en fin d'entretien. Si vous positivez cette phrase de proposition, vous pourrez obtenir entre 80 % et 90 % d'acceptation de levée d'anonymat des réponses. Ceci autorisera une exploitation individuelle des réponses et une reprise de contact avec vos clients les plus insatisfaits.

La réalisation d'enquêtes impose en effet parfois de connaître les réponses d'une personne afin de pouvoir donner une suite opérationnelle aux problèmes et insatisfactions soulevées et donc de lever son anonymat. Cette procédure doit répondre à un protocole très strict. L'anonymat est abordé deux fois dans les questionnaires :

- Au début : « Je vous rappelle que nous garantissons l'anonymat de vos réponses ».
- À la fin : « Vous m'avez fait part d'un certain nombre de remarques. Acceptez-vous de lever l'anonymat de vos réponses afin qu'elles soient transmises nominativement à la société XXX et qu'elle puisse reprendre contact avec vous ? ».

Pour les personnes qui lèvent l'anonymat, l'ensemble des données du fichier est transmis.

Pour les personnes qui souhaitent rester anonymes, toutes les données qui permettent leur identification sont effacées de la base. Certaines données de quotas peuvent être conservées, si elles ne permettent pas l'identification individuelle (zone géographique, tranche d'âge, type de contrat, type de client, etc.).

Faites une analyse de contrôle du niveau de satisfaction de l'échantillon qui a souhaité rester anonyme afin de vérifier qu'il ne s'agit pas des clients les plus virulents. L'expérience confirme que c'est très rarement le cas : ceux qui souhaitent rester anonymes sont presque toujours des clients « normalement satisfaits ».

Mesurer la satisfaction des clients de la concurrence

Comment comparer ses performances ? Cette question est un grand classique dans la volonté de vouloir comparer ses performances en matière de satisfaction client à celle de ses compétiteurs.

Savoir si vos clients sont satisfaits ne vous donne un réel avantage que si votre niveau de satisfaction est supérieur à celui de vos compétiteurs.

	Clients	
Types	• **Monofournisseurs** ne travaillent qu'avec une seule entreprise.	• **Multifournisseurs** travaillent avec plusieurs entreprises.
Échantillon	• **Nos clients** • **Plus les clients des concurrents**	• **Que de nos clients**
Question	• **Satisfaction « actuel fournisseur »**	• **Satisfaction « comparée » entre fournisseurs**

Figure 3.1 – Mesure de la satisfaction concurrentielle

Vous limiterez le taux de fuite de vos clients face à l'attraction d'un « meilleur service » de la concurrence et vous serez certain que l'expérience de vos nouveaux clients sera supérieure à celle de leur ancien fournisseur...

La méthodologie d'une telle étude est différente selon que vos clients sont mono ou multi fournisseurs. Ce cas de « multi fournisseurs » est un basique en B to B ou les entreprises ont presque toujours plusieurs fournisseurs. Mais il est présent également en B to C, même si les monopoles ont tendance à disparaître...

Exemple en B to B

Mono fournisseur : Air Liquide Santé : livre du gaz médical aux établissements hospitaliers. Il ne peut y avoir qu'un seul fournisseur de gaz médical et on gagne ou on perd le contrat pour plusieurs années. Le client ne peut juger qu'un seul prestataire, celui qui le fournit.

Multi fournisseurs : Valeo : livre des pièces détachées automobiles aux garagistes. Il y a plusieurs fournisseurs de pièces détachées selon les marques. Le client peut donc juger plusieurs prestataires, Valeo et les autres.

Cette caractéristique va imposer deux modes d'échantillon et de type de questionnaires différents :

Échantillon :

- Mono fournisseur : vous devez interroger 2 échantillons :
  - un premier représentatif de vos clients et un second représentatif des clients des concurrents ;
  - vous prendrez le soin de vous assurer de la qualité et de la représentativité de ces échantillons ;
  - ce sera facile pour vos clients, peut-être un peu plus difficile pour celui vos concurrents.
- Multi fournisseur : vous pourrez interroger un seul échantillon, représentatif de vos clients :
  - comme ils sont également clients de vos concurrents, cela sera plus facile de les interroger sur deux marques ;
  - c'est le questionnaire qui filtrera les questions ou gèrera les quotas de concurrents attendus.

Questionnaire :

- Mono fournisseur : un seul questionnaire suffira avec les mêmes questions posées à vos clients et à ceux des concurrents (voir échantillon). L'analyse des réponses vous permettra de faire la différence avec les réponses des clients, au global ou par compétiteur selon la taille de votre échantillon...
- Multi fournisseurs : le même questionnaire vous permettra de passer les deux fournisseurs en revue et de comparer vos performances avec celles de vos concurrents.

Petit test

Votre questionnaire de satisfaction est-il pertinent ?

Faites l'exercice suivant :

1. Calculez la moyenne de tous les critères de votre questionnaire.
2. Comparez-la à la moyenne de la note globale de satisfaction.

Selon que l'écart entre la moyenne des notes et la note globale est négatif ou positif, lisez la suite...

– Écart négatif : votre questionnaire est sévère. Il n'est focalisé que sur les critères les plus négatifs de votre prestation. Vous avez vraisemblablement oublié des critères de mesure plus positifs (volontairement ou involontairement ?). Cela dit, c'est un bon biais car cela pousse votre entreprise à la performance ! Par contre, vous ne savez pas identifier vos points forts.

– Écart positif : à l'inverse de la situation précédente, votre questionnaire est généreux et n'est pas focalisé que sur les critères les plus positifs de votre prestation : vous vous faites plaisir ! Vous n'avez pas pris en compte les critères les plus négatifs de votre prestation (volontairement ou involontairement ?). C'est un mauvais biais car vous ne savez pas expliquer vos faibles performances. Vous devez impérativement revoir votre questionnaire.

Ce test marche aussi bien avec des notes mathématiques qu'avec une échelle sémantique si les deux valeurs (note globale et note des critères) reposent sur la même échelle. Pour les plus curieux ou les plus matures, il existe une méthode statistique appelée le « R2 » qui permet de connaître la part de la variance expliquée par une ou plusieurs variables sur une valeur (ex : les critères et la satisfaction). Le R2 est utilisé en régression simple comme en régression multiple. Il permet d'avoir une idée globale de la valeur expliquée par un ou plusieurs critères de mesure pris en compte. Il s'interprète comme la part de la variance de la variable Y expliquée par la régression. Elle varie entre 0 et 1 et s'exprime souvent en pourcentage. Si le résultat du coefficient est de 0,65, on traduit cette valeur en pourcentage : 65 % de la variance de la satisfaction globale est expliquée par la liaison avec un ou plusieurs critères de mesure pris en compte dans le modèle.

En régression simple, un R2 proche de 1 est suffisant pour dire que l'ajustement est bon. En régression multiple, une valeur élevée du coefficient n'est pas suffisante pour affirmer que le modèle est bon, il est nécessaire d'effectuer un test sur la significativité du R2 afin de savoir s'il existe une relation entre Y et les Xi.

Si vous souhaitez avoir un questionnaire robuste dont tous vos critères expliquent bien la satisfaction, il faut que la valeur du R2 soit élevée, afin que la part de la variance expliquée soit la meilleure. Dans le cas contraire, votre questionnaire n'explique pas la satisfaction et sa variance et vous pouvez refaire le petit test ludique du début pour savoir où chercher.

Combien coûte une étude de satisfaction client ?

C'est bien souvent la première question que posent les clients qui veulent réaliser leur première étude ! J'ai pris l'habitude de répondre par une boutade : le prix d'une étude c'est très exactement le prix d'une voiture, dites-moi ce qui vous ferait plaisir et je vous dirai combien ça coûte ! Comme pour une voiture, il faut définir votre besoin (un cahier des charges) et vous pourrez ensuite avoir un budget ! La différence entre les prix des voitures et celui des études marketing c'est que le prix des voitures est visible et connu via les publicités. Mais comme les instituts ne font pas de pub sur le budget de leurs études, vous n'avez aucune idée de ce que ça peut coûter !

Le budget d'une étude de satisfaction clients (ou d'une étude sur un autre sujet) dépend essentiellement de six paramètres :

1. La nature des clients que vous souhaitez interroger :
   - entreprises (quelles fonctions ?) ;
   - professionnels (quels métiers ?) (par exemple, les artisans du bâtiment coûtent cher car ils sont toujours sur les chantiers) ;
   - particuliers (quelle cible ?).
2. Le choix du mode d'enquête :
   - téléphone ;
   - Web ;
   - SMS ;
   - postal/distribué ;
   - face à face.
3. La taille de l'échantillon devant être interrogé :
   - cela a peu d'incidence sur le budget d'une enquête Web : 5 000 envois ou 10 000 envois c'est sensiblement la même chose ;
   - cela en a par contre beaucoup si vous envisagez une enquête par téléphone ou en face à face. Chaque interview va avoir un coût unitaire.

4. La durée d'administration de votre questionnaire :
   - la durée se calcule au vu du nombre de questions ;
   - comptez le nombre de questions de votre questionnaire et un professionnel saura estimer la durée d'administration.
5. Les types de traitements des résultats que vous attendez :
   - redressements, tris à plats, tris croisées, taux, score ?
   - analyse des importances ?
   - mise en valeur graphique ?
   - *Web reporting*, ou rapport papier ?
6. La présentation orale des résultats :
   - combien de réunions à prévoir ?
   - quels publics ? (un rapport spécial pour chaque public ou le même rapport ?)
   - à quel endroit (Paris, Lyon, Avoriaz ?)

Si vous donnez ces six informations à un prestataire, il pourra vous proposer un budget dans les meilleurs délais.

■ Délai de réalisation d'une étude ?

La réalisation d'une étude comprend trois étapes, parmi lesquelles deux sont parfaitement maîtrisées (la réalisation du terrain et le traitement des résultats), une ne l'est pas toujours : c'est la première (la préparation de l'étude) car elle ne dépend que de vous et de la bonne coopération de toutes les personnes qui doivent vous aider dans le lancement de ce projet !

■ Préparation :

- Mise au point du questionnaire.
- Réflexion sur l'échantillon via l'analyse de la population concernée et de votre volonté d'analyse des résultats.
- Délai d'obtention et qualité du fichier des clients à interroger (à valider en interne avec les services concernés).
- Délai de 2 semaines à 2 mois...

■ Réalisation du terrain d'enquêtes

Selon le mode d'enquête retenu, le délai de réalisation du terrain peut évoluer selon les tranches suivantes :

- téléphonique : 1 à 3 semaines.
- Web : 1 à 2 semaines.

- postal : 3 à 6 semaines.
- face à face : 2 à 4 semaines.

■ Exploitation statistique des résultats et rapports

Le délai habituel de réalisation de cette étape est généralement de deux semaines. Il peut varier selon le niveau de restitution attendu, allant de tableaux bruts (éventuellement disponibles en fin de terrain) à des analyses statistiques plus avancées et des rapports très élaborés.

■ Délai global

En considérant un dossier « normal », un prestataire peut s'engager à remettre les résultats six semaines après accord : deux semaines de préparation ; deux semaines de terrain et deux semaines d'exploitation.

Ce délai est un minima qui peut éventuellement être exceptionnellement raccourci si les circonstances l'impose et que toutes les chances sont de votre côté.

Ce délai peut bien entendu être allongé, si vous souhaitez prendre le temps de faire les choses en amont, de consulter l'interne, d'étaler le terrain d'enquête au maximum pour garantir un meilleur taux de participation des clients et de faire le traitement en plusieurs étapes pour favoriser la compréhension des premiers résultats et permettre des approfondissements pertinents.

L'essentiel

▸▸ Vous connaissez maintenant la différence entre étude, avis, écoute et expérience dans leurs différentes caractéristiques et modes d'utilisations. Utilisez-les conjointement, un seul outil ne suffit pas !

▸▸ La construction d'un « bon » questionnaire doit suivre des étapes itératives et complémentaires, associez toujours les opérationnels proches du client, leur avis est éclairé.

▸▸ Attention : le mode d'enquête modifie les résultats, vous pouvez suivre le même mode dans le temps sans problème mais comparer les résultats de deux modes est dangereux !

▸▸ Mettez des questions orientées fidélité, vous en saurez plus sur la relation entre satisfaction et fidélité pour en tirer des conclusions opérationnelles.

Avis d'expert

Christophe Benavent, professeur à l'université Paris-Ouest, responsable du master Marketing opérationnel international, de la rubrique Digital de *Décision Marketing*, animateur de l'atelier Technologies du marketing

La satisfaction client à l'âge du *nudge*

Pour l'enseignant que je suis, la notion de satisfaction reste centrale, c'est le processus qui permet aux organisations de répondre aux besoins de ceux qu'elle sert.
Pour le chercheur que je suis, cette notion a connu depuis 1973 des évolutions remarquables sur le plan des concepts, de la mesure et de son exploitation.

Le concept

Sur le plan des concepts, c'est le modèle de disconfirmation qui s'est imposé : il dit que la satisfaction est la conséquence d'un écart entre ce que attend et ce que l'on obtient, mais il présente des difficultés.

Quels standards : ce qu'on est en droit d'attendre ou l'idéal ?

Dans quelle mesure les attentes sont réévaluées en faisant une sorte de tapis roulant où l'amélioration de la qualité ne fait que maintenir son niveau ?
Sans doute en raison de la capacité faible de la satisfaction à expliquer la fidélité, le regard s'est porté sur d'autres variables et principalement la qualité de la relation : la confiance, l'engagement, s'ajoutent à la qualité perçue, à la confirmation des attentes. Les années 2000 mettent l'accent sur l'expérience et introduisent la valeur émotionnelle de ce que l'on a vécu au cours de la consommation. Depuis quelques années, l'expérience se cantonne à l'usage des interfaces de la relation, comme si paradoxalement le digital plutôt que d'améliorer la satisfaction avait créé de nouvelles sources d'irritations. Plus récemment, et sans doute pour des raisons éthiques, c'est l'idée du bien-être du consommateur (*customer well being*) qui se développe depuis plus de 10 ans sur les bases des travaux de Seligman et de la psychologie positive.
La question importante devient alors en quoi la consommation et chacun de ses actes améliorent la qualité de vie des consommateurs.
La première perspective, centrée sur l'individu, cherche une alternative à une notion de satisfaction immédiate qui ignore les effets secondaires et à long terme (comme l'obésité et la consommation de soda), et veut rendre compte d'une valeur plus générale, moins immédiate, plus existentielle, peut-être plus morale.
La prise en compte du social est aussi un facteur d'évolution conceptuel qui tourne l'attention vers un comportement particulier des consommateurs : leur influence sociale. C'est dans cette perspective que le NPS est devenu populaire. Ce qui est stratégique est moins le contentement de chaque client, que la promotion, le dénigrement dans les médias. Au-delà d'une moyenne de satisfaction c'est la réputation de la marque qui est le véritable enjeu. »

» Satisfaction des attentes, qualité de la relation, bien-être du consommateur, engagement du client représentent ainsi différents angles d'analyse qui se complètent plutôt qu'ils ne se concurrencent et rendent compte de la complexité du sujet.

Le concept de la mesure

Quant à la mesure, on ne s'intéressera pas aux questions de détail : échelles, moment, mode de recueil, mais plutôt à son organisation générale :

- d'une coupe transversale à une mesure longitudinale ;
- d'une mesure ponctuelle à une mesure continue ;
- de l'*insight* au pilotage de la performance.

La vraie révolution n'est pas tant dans la mesure (plus précise, plus fréquente) ni dans les méthodes d'analyses plus sophistiquées (SEM, réseaux bayésien, modèles multi-niveaux) que dans la diffusion de cette mesure, dans sa publicité. On ne se contente plus d'enquêtes périodiques, ou de données de baromètres pour alimenter la réflexion stratégiques, on diffuse largement ses résultats, on en fait des signes de qualité, des *rankings* très fins, une évaluation généralisée, une surveillance orwellienne.

Les avis consommateurs

Cette mesure et la diffusion des résultats s'insèrent dans les dispositifs par le biais des avis consommateurs. Quand dans un modèle classique de marketing la satisfaction était un des indicateurs qui déterminait la stratégie, les avis orientent eux directement les comportements des consommateurs. Les pratiques conduisent à ce qu'une très grande majorité de 5* deviennent la norme et les faibles notes un mode de sélection : qui voudra de quelqu'un qui a moins de 3* ? Ce n'est alors plus un système de mesure mais un tribunal.

Chapitre 4

Le traitement des résultats

Executive summary

- **Le point le plus important** dans une étude est le traitement des résultats, vous devez transformer des données brutes en aide à la décision !
- **Ne vous arrêtez pas aux taux**, vous découvrirez que c'est le plus facile à utiliser mais que c'est aussi le moins bon des indicateurs…
- **Vous découvrirez** les différents modes de publications des résultats pour choisir celui qui s'appelle le mieux à votre étude et à la culture de votre entreprise

Le traitement des résultats

Taux, scores, poids ou dynamique ?

Lors de la réalisation de votre première enquête de satisfaction client, vous vous êtes surtout attaché à calculer « les taux » de satisfaction. Si vous avez réalisé plusieurs vagues d'enquête ou que vous avez un peu de maturité sur le sujet, vous savez que les taux ne vous apprennent pas grand chose et qu'ils sont « trop stables ».

Vous aurez alors besoin d'accéder à d'autres niveaux d'analyses pour approfondir vos résultats. Vous allez découvrir que vous avez en fait quatre niveaux d'exploitation des résultats de vos enquêtes de satisfaction clients.

Avec l'aide de ces quatre niveaux, vous saurez comment communiquer en externe et comment manager l'interne, vous saurez distinguer quels sont les critères ce qui « pèsent » et quels sont ceux qui « influencent » ?

1. Les taux de satisfaction : le pourcentage de satisfaction à chaque question. Le niveau le plus simple (et le moins opérationnel).
2. Les scores, qui permettent de gommer le problème lié à l'utilisation des taux.
3. Les poids : les analyses d'importances « directes », calculent le poids et la contribution de chaque critère à la satisfaction globale. Vous savez ce qui « pèse » et combien dans la satisfaction globale de vos clients.
4. La dynamique : la recherche des inter-corrélations entre les critères. Ces analyses permettent de connaître la « dynamique » de la qualité perçue et de repérer les influences entre tous les critères de votre mesure. Elles sont réalisées avec des méthodes statistiques d'analyse bayésienne. Vous savez alors ce qui « influence » le plus l'opinion de vos clients et comment s'articule ou se structure leur satisfaction.

■ Scores « bruts » de satisfaction

Selon l'échelle que vous utilisez (sémantique ou mathématique), le score brut que vous publierez ne sera pas le même.

1. Échelle mathématique, vos choix :
   - Vous publiez la note (sur 10, sur 20).
   - Éventuellement vous publiez le taux (%) de personnes ayant donné un niveau de note considéré comme l'objectif (plus de 8 sur 10 ou plus de 19 sur 20).

- Ce type de score brut est facile à communiquer, il aura l'inconvénient de ne pas beaucoup bouger, mais vous ne vous rendrez compte qu'à votre troisième ou quatrième vague d'enquête...

2. Échelle sémantique :
   - Le score brut qui est le plus souvent publié à partir de ce type d'échelle est l'addition des réponses des « Plutôt + tout à fait satisfaits ».
   - C'est simple mais très déceptif, cela bouge encore moins que les scores des échelles sémantiques.
   - Le jour où vos résultats auront évolués très positivement en passant de 60 % de « plutôt » + 20 % de « tout à fait » à 20 % de « plutôt » + 60 % de « tout à fait », vous serez bien embêté. Le score est toujours de 80 %, alors que la répartition des opinions vous est devenue extrêmement favorable !
   - Avec une échelle sémantique, vous devez impérativement utiliser des scores pondérés dont il existe de nombreux systèmes permettant de traduire l'évolution du pourcentage de chaque niveau de réponse. L'évolution du score traduira l'évolution des opinions...
   - C'est un peu moins facile à expliquer que le taux de 80 % mais cela révèle la vraie variation de vos performances, au global et par critère.

■ Scores « pondérés » de satisfaction

Les problèmes liés à l'utilisation et la publication des taux de satisfaction sont rarement pris en compte dans la réalisation des enquêtes de satisfaction clients ! Le taux de satisfaction global est le plus mauvais des indicateurs. Il est le résultat de l'addition de 2 réponses « tout à fait + plutôt ».

> • *Les entreprises qui veulent des études « somnifères » utilisent des « taux », celles qui veulent des études « vitamines » utilisent des « scores ».*

Le taux de réponse « tout à fait + plutôt » peut s'inverser (60 + 20 ou 20 + 60 – ce qui ne veut pas dire la même chose), le total reste le même : 80 % de satisfaits !

- Un taux montre peu d'écart entre les réponses.
- Un taux ne bouge presque jamais : ni dans le temps, ni entre unité...
- De ce fait les études deviennent « plates » et « inutiles ».
- D'où le reproche très souvent entendu : les enquêtes de satisfaction ne servent à rien ! Ce sont des dépenses inutiles !

Nous illustrons dans le petit tableau ci-dessous le problème posé par l'utilisation d'un taux. Dans cette figure, toutes les réponses aboutissent au même total de 80 % de satisfaits alors que la « distribution » des réponses est très différente.

	1	2	↓	3	4	↓	
Logement	« % Très satisfait »	« % Satisfaits »	« % Taux satisfaction (1+2) »	« % Plutôt pas satisfait »	« % Pas du tout satisfait »	Score	Classement
L'aspect général du logement	2	78	**80**	1	19	**32**	5
La propreté du logement	30	50	**80**	14	6	**52**	2
L'équipement de la kitchenette	10	70	**80**	5	15	**38**	4
La commodité de la salle d'eau	70	10	**80**	19	1	**75**	1
Le confort de la literie	20	60	**80**	10	10	**45**	3
Calcul du score	**100**	**50**		**0**	**-50**		

Figure 4.1 – Taux et scores

Il vaut mieux utiliser un score :

- Seul un score permet de montrer les « bonnes et les mauvaises » performances.
- Un score bouge dans le temps et entre unités !
- Un score mobilise dans la recherche de la « bonne » qualité de service.
- Ceux qui ont des « bons » scores expliquent rapidement aux autres comment ça marche...
- Les bonnes unités (points de vente, village) qui ont des « mauvais » scores sont incités à comprendre et se mobiliser pour réduire les insatisfactions qui aboutissent à leur mauvais résultat (alors que leur taux peut être tranquillement à 80 % de satisfaction !).

Vous pouvez publier des résultats avec combinant des taux (faciles à comprendre) et des scores (plus efficaces !) avec une petite page de pédagogie permettant de comprendre l'intérêt opérationnel des deux...

Il existe différentes méthodes de pondération des modalités de réponse pour parvenir à un score de synthèse !

- Normal : 100 pour très satisfait, 60 pour très satisfait, 30 pour plutôt satisfait et 0 pour pas du tout satisfait.
- Négative : 100 pour très satisfait, 60 pour très satisfait, 0 pour plutôt satisfait et -50 pour pas du tout satisfait. En considérant que les clients insatisfaits ne peuvent valoir 0 et doivent faire perdre des points.
- Sur-négative : 100 pour très satisfait, 60 pour très satisfait, 0 pour plutôt satisfait et -200 pour pas du tout satisfait. En considérant qu'un client insatisfait en parle à 10 personnes un satisfait à 5 personnes, le négatif doit donc être pondéré du double.

- Sur-positive : 120 pour très satisfait, 60 pour très satisfait, 0 pour plutôt satisfait et -50 pour pas du tout satisfait. La valorisation positive permet de disposer d'un résultat qui est plus proche d'un pourcentage et terme de communication et qui peut s'utiliser de cette façon.

Il n'existe pas à ce sujet de méthode universelle. Mon conseil est le suivant :

- Calculez les taux habituel selon la méthode « classique » (addition des 2 modalités positives).
- Utilisez ensuite chacune des quatre méthodes ci-dessus pour obtenir le score de chaque critère de la mesure.
- Faites un classement du score des critères selon les quatre méthodes sur un tableau Excel.
- Comparez le taux « classique » avec les classements en score obtenues via chaque méthode.
- Retenez celle qui vous « parle » le mieux qui a le plus de sens à vos yeux :
  - les points forts sont assez hauts (pas au-delà de la valeur de 100, sinon votre valeur max de la quatrième méthode est trop forte...) ;
  - les points d'insatisfaction ont bien des scores très faibles qui vont donner envie à tous de se mobiliser ;
  - vous avez de vraies différences qui prennent bien en compte la distribution des réponses dans les modalités négatives ;
  - vous avez bien « cassé » le classement de critères qui avaient le même taux avec le classement classique.

Une fois que vous aurez stabilisé votre système de calcul de score, utilisez-le régulièrement au cours des prochaines vagues d'enquêtes. Les variations entre deux vagues d'enquête auront du sens et s'appuieront sur une méthode que vous aurez justifié... Après le passage de la première vague des taux aux scores, tout le monde comprend l'intérêt d'abandonner les taux...

- *Seule la direction de la communication a intérêt à garder la publication du taux de satisfaction : avec plus de 80 % de clients satisfaits, le message externe reste rassurant !*

Avis d'expert

Anne Castanio, directrice qualité de VVF Villages

Quel dispositif d'études de satisfaction historique était en place au sein de VVF Villages ?

La direction qualité de VVF Villages agissait déjà sur la satisfaction clientèle. Elle axait ses directives essentiellement vis-à-vis d'une promesse clients. Un traitement d'enquêtes existait mais les rapports étaient très basiques : ces enquêtes étaient simplement évaluées en termes « de taux et de pourcentages de satisfaction » et non pas avec un score pondéré tel que nous l'avons retenu. Nos anciens rapports avec des taux étaient très simplistes et ne permettaient pas de bâtir un véritable plan d'action !

Pourquoi avoir souhaité remettre à plat votre dispositif de mesure de satisfaction clients ?

Les rapports rendus à la suite de nos anciennes enquêtes étaient très simplistes, basés sur des pourcentages et des taux de satisfaction, ce qui ne nous permettait pas d'identifier un véritable plan d'actions à mettre en place. Par ailleurs, nous souhaitions intégrer les villages pour enfants Okaya qui n'avaient pas encore fait l'objet d'enquêtes.

Vous avez retenu INIT. Quels éléments vous ont séduits ?

Principalement de nouvelles méthodes d'évaluation et de présentation des résultats des mesures de la satisfaction avec la mise en place d'un score de synthèse et de plan d'actions. Ceci nous a permis d'avoir enfin des vraies priorités pour les exercices suivants.
La méthode des taux de satisfaction en pourcentage, anciennement utilisée, a été conservée uniquement pour communication externe, notamment par rapport aux administrateurs, aux conseils d'administrations, etc.

Comment vous êtes-vous appropriés en interne ces éléments de la nouvelle méthode ?

Via l'implication de l'équipe d'INIT dans l'explication méthodologique de ce « taux de satisfaction pondéré ». Et INIT a réalisé un tutoriel très pédagogique qui a permis aux directeurs de villages de mieux saisir l'intérêt de ce score pondéré et ainsi de mieux identifier leurs plans d'actions.

Bilan ?

J'ai énormément apprécié la facilité de lecture des nouveaux rapports, l'apport pédagogique tout au long de la procédure, la disponibilité permanente des équipes lorsque j'ai eu des questions ou des demandes particulières. C'est un vrai travail de partenariat qui s'est construit pour arriver à ce niveau de satisfaction de ma part.

Comment s'est déroulée la présentation des résultats au comité de direction ?

La première présentation des résultats au comité de direction a été très constructive puisque les membres du comité ont retenu les plans d'actions à mettre en

»

» place. Précédemment, en n'utilisant que des pourcentages, les plans d'actions n'étaient pas identifiés.

Quel plan d'actions va découler de la restitution de ces nouveaux livrables ?
Au final, quatre plans d'actions au niveau national ont été retenus. Après définition de ces plans d'actions, grâce notamment au score et au nouveau taux de satisfaction pondéré, le comité a finalement décidé de communiquer le benchmark de comparaison interne.
Auparavant, l'entreprise craignait que la diffusion de ce classement en pourcentage puisse déstabiliser les équipes en dévalorisant leur travail.

Qu'est-ce qu'un bon taux de satisfaction client ?

Les chapitres précédents vous ont confirmé mes réserves vis-à-vis des taux dans leur aspect management interne, mais il est cependant parfois nécessaire de les utiliser à des fins de communication externe. Et dans ce cas, il peut être intéressant de savoir s'évaluer par rapport à des standards. Cela varie bien entendu selon le type de produits/services et selon le type de clients.

Voici ci-dessous une grille de lecture qui pourra vous permettre de valider vos performances, bien que je trouve que les taux ne sont pas la bonne façon d'impliquer l'interne.

Moins de 70 % de satisfaits	Mauvais
Entre 71 et 80 %	Normal
Entre 81 et 85 %	Bon
Entre 86 et 90 %	Très bon
Entre 91 et 95 %	Excellent
Plus de 95 % de satisfaits	Parfait*

* Sous réserve de la conduite d'une étude fiable et sincère !

- *À 80 % de satisfaction, vous êtes « normal » !*

Calculez la marge d'erreur de votre enquête de satisfaction client !

Quel serait le « vrai » taux de satisfaction, si vous aviez pu interroger la totalité de vos clients ? Comme vous ne pouvez pas les interroger tous, vous n'en interrogez qu'un échantillon, ce qui vous donnera « une bonne estimation » de la vraie réponse. Cette estimation est plus ou moins précise selon 3 facteurs :

- la taille de l'échantillon que vous avez interrogé ;
- le taux de sondage (c'est-à-dire la proportion de votre échantillon sur la population : un échantillon de 100 personnes sur une population de 400 ne donne pas la même précision qu'un échantillon de 100 personnes sur une population de 400 000) ;
- la distribution des réponses : 50 % de satisfaits ne donne pas la même précision que 80 % de satisfaits.

Comment calculer simplement sa marge d'erreur ?

Règle de base : pour réduire le taux de précision par 2, il faut multiplier l'échantillon par 4 !

Ainsi, si 20 % de vos clients sont insatisfaits sur une question, un échantillon de 100 personnes vous garantit un intervalle de confiance de 8 points (ce qui est suffisant sur certains sujets – et qui ne coûte pas trop cher). Si cet intervalle de 8 points ne vous paraît pas suffisant, vous devrez multiplier l'échantillon par quatre (soit 400 personnes) pour réduire cet intervalle de moitié (soit 4 points). Chaque volonté de réduction de l'intervalle de confiance suivra la même règle, comme le montre l'exemple ci-dessous (calculé pour une réponse à 20 % d'insatisfaction) :

Échantillon	Intervalle de confiance	Résultats compris entre
100 personnes	8 %	12 et 28
400 personnes	4 %	16 et24
1 600 personnes	2 %	18 et 22
7 200 personnes	1 %	19 et 21

L'exemple ci-dessus montre donc que la précision statistique coûte très cher car pour garantir 1 point d'intervalle de confiance des résultats, il faudrait interroger 7 200 personnes ! Dans la pratique, on cherche toujours à optimiser les budgets en cause et limiter la taille d'échantillon au strict nécessaire.

Précision et satisfaction

L'expérience démontre qu'en étude de mesure de la satisfaction, la dispersion des opinions est forte et que classiquement, le taux de clients insatisfaits est relativement faible (généralement inférieur à 20 %).

Cette répartition prévisible (inférieure à 20 %) offre donc une meilleure garantie de précision et permet de limiter la taille d'échantillons au strict nécessaire, en acceptant ce principe de départ qu'il n'existera qu'une minorité de clients insatisfaits.

Par ailleurs, dans l'hypothèse où 50 % de vos clients seraient insatisfaits sur un critère, votre problème consisterait moins à vous demander si la « vraie » réponse est 45 % ou 55 % que de vous mobiliser d'urgence pour vous attaquer à un disfonctionnement aussi fort !

Nous considérons donc, pragmatiquement, que c'est moins la précision de l'information qui importe que l'information elle-même.

Volonté de précision ?

Il est aussi important de se poser la question de l'opérationnalité de la précision... Si une étude (bon marché) auprès de 200 clients vous donne cinq priorités d'actions évidentes, est-ce que la précision que vous donnerait une étude auprès de 800 clients changera quelque chose à votre plan d'action, pour un budget quatre fois plus élevé ?

Par contre, interroger 800 clients peut être nécessaire si vous souhaitez avoir une analyse très fine (avec beaucoup de segments et de niveaux d'analyses).

- *Vouloir interroger 800 personnes, juste pour améliorer la précision coûte cher et ne changera sans doute pas grand-chose au final...*

■ Le débat sur l'intervalle de confiance risque de bloquer votre enquête de satisfaction !

Après avoir expliqué comment calculer l'intervalle de confiance statistique, je voudrais adopter un autre point de vue, plus opérationnel. Il y a un conflit permanent entre le débat sur l'intervalle de confiance (IC) et la volonté de sortir un plan d'actions en mesure de satisfaction, principalement lorsque l'on est à un niveau local (agence, point de vente).

- *La recherche de la précision paralyse toute décision !*

Je vais me faire des ennemis chez les statisticiens mais 30 ans d'expérience m'ont appris le pragmatisme. Si ce que l'on apprend à l'école vous paralyse, il faut revoir ses dogmes ! J'aime l'idée qui dit qu'en marketing, il vous faut deux professeurs ; un pour apprendre et un pour désobéir ! Je déconseille souvent d'entrer dans le débat sur les intervalles de confiance, c'est un échange totalement stérile : vous aurez un beau débat scientifique duquel aucune décision ne sortira !

- *Je préfère des troupes qui avancent dans le désordre à des troupes qui font du sur-place dans l'ordre ! (Napoléon)*

L'intervalle de confiance statistique paralyse toute action, pour les 7 raisons suivantes :

1. En multipliant votre taille d'échantillon par deux, vous ne réduisez l'intervalle de confiance que de 25 %.
2. Il faut multiplier l'échantillon par quatre pour réduire l'IC de moitié !
3. Vous n'aurez jamais les moyens de vous payer un échantillon 4 fois supérieur.
4. Et même avec un échantillon 4 fois plus grand, vous n'aurez toujours pas effacé l'intervalle de confiance !
5. Les variations constatées entre deux mesures seront toujours situées dans l'intervalle de confiance (alors on ne fait rien ?).
6. Il faudra attendre plusieurs vagues de mesure pour être certain qu'on est sorti de l'intervalle de confiance de la première vague (mais pas de celui de la vague précédente !).
7. Et ça ne s'arrête jamais !

Parfois, les populations de certaines agences ou points de vente sont, dès le départ, trop faibles pour se livrer au calcul d'intervalle de confiance (calcul valable seulement sur des grands nombres). Donc on n'interroge pas les clients ? On ne publie pas de résultats ? On gère le problème autrement ? La solution à ce problème n'est pas statistique, elle est managériale, dans l'établissement d'objectifs :

- Un objectif n'a pas d'intervalle de confiance : il est atteint ou pas !
- Un objectif dépend de la volonté de la direction et de l'ambition de l'entreprise, il ne supporte pas d'intervalle de confiance et d'immobilisme.

L'étude ne vise pas à savoir si tel candidat va être à 49 ou 51 points aux prochaines présidentielles, ce qui est par ailleurs important mais qui n'est pas l'objet d'une étude de satisfaction clients. L'étude satisfaction client vise à permettre à chaque dirigeant local de sortir un plan d'actions pour son équipe et 3 à 4 priorités pour lesquelles tout le monde va se mobiliser. La mobilisation ne supporte pas d'intervalle de confiance (ou d'intervalle de méfiance comme j'aime à le dire).

- *La recherche de la précision statistique paralyse, car elle ne s'arrête jamais !*

Dans le même esprit, mon ami Thierry Spencer dit : il vaut mieux sortir rapidement un produit imparfait (et l'améliorer en permanence) que d'attendre trop longtemps pour sortir un produit parfait (et démodé).

L'essentiel

- **Ne soyez pas obsédé** par la précision (elle paralysera vos décisions) mais par l'opérationnalité de vos résultats, mesurer oui mais pour partager et pour agir !
- **Sortez de la tyrannie des taux** ou vos résultats n'évolueront jamais !
- **Si vous voulez quand même publier** un taux global, retenez qu'il faut avoir plus de 85 % de satisfaction pour être dans la catégorie des « bons » !

Avis d'expert

Antoinette de Dinechin, responsable qualité opérationnelle, direction des services clients du groupe Canal +

Chez Canal+, le management de la qualité de la relation client s'articule autour de plusieurs points clés.

Un dispositif robuste d'écoute client

L'objectif de la direction des services clients est de permettre à chaque contact client d'être générateur de satisfaction client, quel que soit le média de contact choisi par l'abonné.

Afin de piloter l'atteinte de cet objectif, le pôle qualité a mis en place en 2012 une méthodologie d'enquête de la satisfaction exhaustive, qui donne la parole à chaque client, suite à chacune de ses interactions avec le service clients. La robustesse de ce dispositif, qui génère entre 50 000 et 60 000 retours d'enquêtes par mois, permet un pilotage à deux niveaux :

- Un pilotage fin et en temps réel de chaque site de traitement des contacts client :
  - avec un niveau de granularité des résultats par média de contact, par typologie de demande client, et allant du site jusqu'au conseiller ;
  - avec une possibilité de lecture de la satisfaction client sur l'ensemble du parcours du client, au travers de ses interactions successives avec le service clients.
- Un pilotage global qui permet de cartographier les principales sources d'insatisfaction client, communes aux différents points de mesure de la satisfaction client, à des fins d'amélioration continue. »

» Un pilotage de la qualité en transverse, renforcé par la démarche de certification NF

L'un des fondamentaux du pilotage de la qualité réside dans son ancrage transverse, qui se traduit par :

- la mise en relation des indicateurs qualité avec les KPI métier (accessibilité, niveau de service, fiabilité des prévisions, redondance, réclamation, formation...) afin de poser un diagnostic contextualisé des indicateurs qualité et de définir des plans d'action coordonnés, en cohérence avec l'activité ;
- l'implantation des équipes qualité sur les sites de traitement, afin d'être le relais auprès de l'encadrement des plans d'action définis, et d'animer les résultats qualité au plus près du terrain (starter, atelier) ;
- l'animation d'un COPIL qualité mensuel, à destination du CODIR et des responsables opérationnels, afin de partager le niveau d'atteinte des objectifs qualité, et d'arbitrer les plans d'action à déployer.

La démarche de certification NF, engagée en 2014, et portée par le pole qualité, a renforcé cette dimension transverse du pilotage de la satisfaction client.

Des actions proactives sur les clients ciblés par le dispositif qualité

La combinaison d'une mesure de la satisfaction exhaustive, et de l'intégration des retours d'enquête en temps réel dans le BI, ont ouvert des possibilités de ciblage des clients détracteurs suite à leur contact avec le service clients.

Sur ces clients identifiés à risque, la direction des services clients a déployé un dispositif proactif basé notamment sur le rappel par des cellules dédiées. Une ré-enquête de la satisfaction post rappel vient valider la conversion de ces clients détracteurs.

Une adaptation permanente du dispositif

L'objectif du pôle qualité étant de conduire un diagnostic permanent de la qualité de traitement des contacts client, le dispositif qualité répond à un impératif d'adaptation permanente, au plus proche des évolutions de l'activité (process, offre, matériel, média de contact...).

Les évolutions du dispositif sont orientées selon deux axes :

- une extension du dispositif en place, afin de répondre à l'exigence d'exhaustivité de la mesure : extension du dispositif qualité sur de nouveaux canaux de contact (*self care*, *chat*, boutique Canal+...), sur de nouveaux moments clé de la vie de l'abonné (saisie du service conso, utilisation des services connectés...) ;
- le déploiement de mesures complémentaires au dispositif actuel : pour exemple les mesures de l'effort client permettant d'identifier l'absence de fluidité sur certains parcours clé.

Cette richesse des informations recueillies a permis d'amorcer une démarche de Big Data sur ces données de satisfaction clients.

Chapitre 5

Les analyses d'importance en satisfaction client

Executive summary

▸▸ **Les études de satisfaction classiques** reposent sur deux grandes étapes : la mesure de la satisfaction globale et la mesure de la satisfaction sur chaque critère ; relier les 2 est essentiel !

▸▸ **Savoir si vos clients sont satisfaits** ne sert strictement à rien si vous ne savez pas s'ils sont satisfaits sur ce qui est important !

▸▸ **Cet aphorisme** pose donc clairement l'objet de la démarche : la mesure de l'importance est le point principal de la mesure.

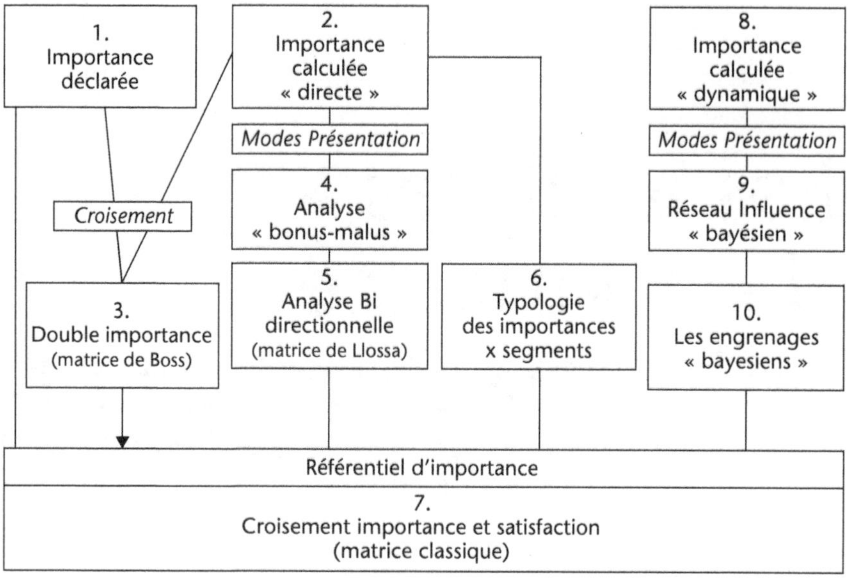

Figure 5.1 – Les 10 analyses d'importance

La figure ci-dessus présente succinctement les 10 définitions et approches que j'utilise dans les analyses des importances :

1. L'importance déclarée
2. L'importance calculée (directe)
3. La double importance (1 × 2)
4. L'analyse bonus-malus
5. L'analyse bi directionnelle
6. Typologie des importances
7. Le croisement importance et satisfaction
8. L'importance calculée (dynamique)
9. Réseau d'influence bayésien
10. Les engrenages bayésiens

Le croisement importance et satisfaction est connu des praticiens, comme la forme habituelle de représentation graphique du croisement de la satisfaction de chaque critère avec l'importance calculée directe. Les autres sont un peu moins connus et sont le résultat :

- du croisement du 1 et du 2 pour le 3 ;
- de formes de présentation graphique du 2 (4 et 5) ;
- de formes de présentation graphique du 8 (9 et 10).

Nous allons voir successivement ces 10 modes d'analyse des importances des critères dans la satisfaction des clients

L'importance « déclarée » dans les enquêtes de satisfaction client

Comme son nom l'indique, cette approche consiste à interroger les clients sur l'importance qu'ils accordent à chaque critère. Cette notion n'est pas très récente puisqu'elle a été mise en valeur par Bradley T. Gale, qualiticien américain actif dans les années 1970-80 qui a été très impliqué au sein du programme PIMS (*Profit Impact of Market Strategies*) aux États-Unis et qui a écrit l'ouvrage *Managing Customer Value*.

Cette méthode repose sur une phase préalable de prise en compte de l'importance accordée par les clients à chaque critère. C'est donc une étape préliminaire à la réalisation du sondage quantitatif de mesure de la satisfaction. Je vous déconseille la réalisation de la phase d'importance des critères « dans la même phase » que celle de l'enquête de satisfaction.

Si vous posez la question de savoir de qui est important et juste après de savoir si les clients sont satisfaits, les clients vont rapidement mélanger leurs réponses et ne pas savoir faire la part des choses.

Méthodologie

Si vous voulez connaitre l'importance déclarée :

1. Construisez une batterie de 60 à 70 critères que vous pouvez considérer comme importants dans la qualité de service.
2. Ensuite, faites un premier sondage sur un échantillon représentatif de vos clients pour savoir quels sont les critères les plus importants à leurs yeux, ceux que vous devrez retenir
3. Concrètement : posez des questions sur l'importance accordée à chaque critère à l'aide d'une échelle sémantique « Essentiel – Très important – Moyennent important – Peu important ».
4. Une fois que vous aurez les résultats, vous pourrez réaliser votre mesure de la satisfaction sur les 30 ou 35 critères qui auront été identifiés comme « importants » par vos clients.

Avantages et inconvénients

L'importance déclarée marche bien dans :

- le secteur industriel ;
- les grands comptes ;
- les produits/services impliquants ;
- les produits/services où les clients ont une bonne culture.

Elle alourdit les plannings de réalisation (une phase de plus à réaliser) et le budget d'étude. Pour ces raisons, les décideurs (et leurs acheteurs) préfèrent parfois ne retenir que l'importance calculée et se passer de l'importance déclarée...

L'importance « calculée » dans la satisfaction des clients

Au-delà de l'importance « déclarée » par les clients, il existe une autre approche qui consiste à calculer ce qui contribue réellement à impacter la satisfaction des clients. Il s'agit de réaliser des analyses statistiques de corrélation entre l'évaluation d'un critère et son influence sur la note de satisfaction globale. C'est ce que l'on appelle « l'importance calculée » qui permet de répondre à la question : quels sont les critères qui contribuent « réellement » à impacter la satisfaction de mes clients ?

Exemples :

- Si je suis « très insatisfait » de l'accueil, mais que je suis globalement « très satisfait » de votre entreprise, vous pouvez en déduire que ce n'est pas le critère le plus « important » dans mon jugement...
- À l'inverse, si je suis « très satisfait » des délais de livraison mais que je suis « totalement insatisfait » de votre entreprise, ce n'est donc pas ce critère-là qui explique mon insatisfaction, il vous faut chercher ailleurs...

Le calcul de l'importance va donc permettre de repérer les critères les plus sensibles et les plus contributifs à la satisfaction des clients.

L'analyse de l'importance permet également de repérer la sensibilité « positive » ou « négative » de chaque critère dans le niveau de satisfaction global des clients, c'est-à-dire de mieux comprendre l'impact que peut avoir une bonne ou une mauvaise note de satisfaction donnée à un critère dans la satisfaction globale.

Le terme « importance » prête parfois à confusion :

- Il s'agit d'une importance « relative » par rapport aux autres critères.
- Je préfère parler de « sensibilité » car tout est important aux yeux des clients, mais tout n'est pas aussi sensible...

L'analyse de l'importance calculée consiste donc à réaliser des analyses de corrélation entre la note globale de satisfaction et la distribution des notes de satisfaction sur chaque critère. On découpe chaque critère en plusieurs tranches (satisfaits/neutres/insatisfaits) ou (mauvais, moyen, bon, excellent) selon l'échelle de mesure à disposition (mathématique, sémantique).

Le graphique d'analyse permet de voir quel est le niveau de corrélation entre le niveau de satisfaction donné à chaque critère et la note globale. La variance des indices de corrélation de chaque critère permet d'établir un *ranking* du plus sensible au moins sensible et de s'en servir comme « référentiel de qualité de service ». Ce référentiel peut être utilisé de deux façons :

- en croisement avec l'importance déclarée (graphique n° 3) ;
- pour apprécier la performance des notes de satisfaction sur chaque critère (graphique n° 7).

Bradley. T. Gale, le père des analyses d'importance

Avant de fonder sa société, Customer Value, en 1991, le Dr Bradley T. Gale a passé plusieurs années en tant que directeur général du SPI (*The Strategic Planning Institute*) qui a initié le programme PIMS (*Profit Impact of Market Strategy*), programme de recherche multi entreprises qui a mesuré l'impact des politiques des entreprises sur le résultat et le profit.

Entamé en 1972, le programme PIMS rassemble une banque de données statistiques (450 entreprises et 3 000 unités d'analyses) décrivant non pas des entreprises, mais leurs activités par division, les « *strategic business units* » (SBU). Ce programme a pu déterminer quelles dimensions de la stratégie exercent une influence sur le profit et la croissance des sociétés.

D'après B. T. Gale, si, dans les années 1970, on était persuadé que la part de marché était le facteur-clé des indicateurs de succès, les années 1980 ont montré qu'un seul facteur, plus que tous les autres, contribuait à la croissance de la part de marché : « la qualité relative, perçue du point de vue des clients », différente de la qualité traditionnelle de conformité aux normes.

Il est l'inventeur des « mesures de la qualité perçue » qu'il propose, dans un billet publié en 1987, d'organiser en plusieurs étapes :

- interne : réunion de groupes avec une équipe multifonctionnelle de responsables de l'entreprise pour identifier les attributs significatifs des produits ; assignation de coefficients de pondération subjectifs par la même équipe ;
- clients : évaluation par les clients de cette même grille et de sa pondération ;
- performance : jugement des performances de la ligne de produit de l'entreprise ;
- concurrence : évaluation concurrentielle sur chacun des attributs :
- analyse de la performance globale (ICPC).

B. T. Gale est l'auteur de deux ouvrages : *The PIMS Principles : linking strategy to performance* (1987) et *Managing Customer Value : Creating Quality and Service*

That Customers Can See (2010). Son second livre, dont la première édition date de 1994, a été reconnue par *Publishers Weekly* comme « l'ouvrage marketing le plus utile depuis les travaux de Drucker, Kotler et Porter, pour revoir la façon de faire des affaires dans les années à venir ».
Ses nombreux articles sont parus dans *Harvard Business Review, Sloan Management Review, Journal of Business Strategy, Planning Review, Journal of Business Strategy.*

La « double importance » dans les études de satisfaction client

Nous avons vu dans les chapitres précédents les deux analyses d'importance :

- Déclarée : quels sont les critères les plus importants aux yeux des clients ?
- Calculée : quels sont les critères qui contribuent réellement à influencer leur satisfaction ?

Et si nous croisions ces deux systèmes d'importance afin de regarder en quoi ils sont d'accord ou pas d'accord ? Cette question a été traitée par Jean-François Boss en 1994. Ses travaux ont été publiés dans un article fondateur de la *Revue Française du Marketing* sur la mesure de la satisfaction client. Cette analyse de « double importance » est connue comme « la matrice de Boss » qui croise « Importance déclarée et importance calculée ». En croisant les deux systèmes d'importance vous obtenez donc 4 cases d'accord ou de désaccord (figure 5.2).

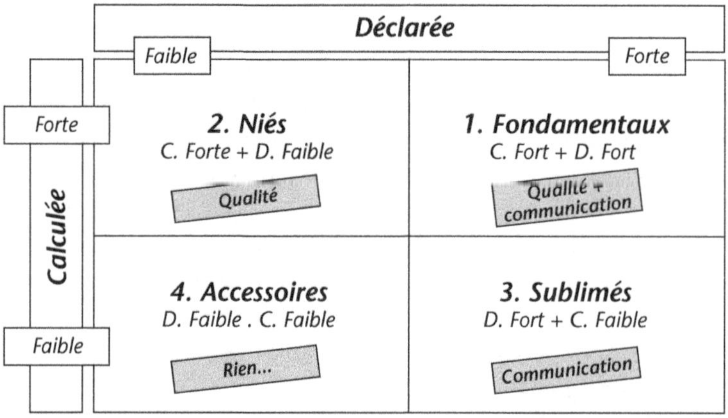

Figure 5.2 – La double importance

1. Case 1 : les critères « fondamentaux » :
- Les clients vous disent que c'est TRÈS important et l'analyse statistique le confirme.
- Action : rester bon et le faire savoir : qualité et communication.
2. Case 2 : les critères « niés » :
- Les clients vous disent que ce n'est PAS important mais l'analyse statistique dit le contraire ! Ces critères sont « sous-estimés » ou « niés » par les clients dans leur jugement « à froid » et contribuent plus qu'ils ne le pensent dans leur satisfaction globale.
- Action : faire de la qualité et rester discret.
3. Case 3 : les critères « sublimés »
- Les clients vous disent que c'est TRÈS important mais l'analyse statistique n'est pas d'accord ! Ces critères sont survalorisés dans le discours mais influencent peu au final la qualité de la relation globale.
- Action : faire de la communication et de la réassurance en permanence (ex : le discours sur « les prix les plus bas » dans la grande distribution, critère « important à nos yeux » mais que nous sommes incapables de juger objectivement).
- Exemple de trois critères souvent « sublimés » : les prix, les délais, la gamme. Ce n'est jamais assez bon marché, jamais assez rapide et le choix n'est jamais assez suffisant !
4. Case 4 : les critères « accessoires »
- Les clients vous disent que ce n'est PAS prioritaire dans leurs attentes et l'analyse statistique le confirme. Ce ne sont pas les critères les plus sensibles ni à leurs yeux ni dans la relation.
- Action : surveiller ces critères mais ne pas surinvestir en qualité ou en communication. Vérifier dans deux ans si leur position a changé dans la matrice de Boss. Éventuellement, les ôter de votre questionnaire pour les remplacer par de nouveaux points à surveiller.

Cette analyse de la double importance était très utilisée dans les années 1995/2000 et beaucoup moins depuis...

J'y vois quatre grandes raisons :
- Il faut une certaine maturité professionnelle et technique pour apprécier cette « double importance » et les entreprises ont de plus en plus tendance à aller au plus simple.
- C'est un peu de budget supplémentaire (importance déclarée + importance calculée).
- La montée en puissance des appels d'offres. Auparavant, on vous demandait de venir présenter votre entreprise et votre savoir-faire.

Ensuite vous receviez un cahier des charges qui intégrait vos apports et vos nouveautés. Aujourd'hui, vous recevez un cahier des charges, a minima, auquel on vous demande de vous conforter. Certains même vous éliminent si vous proposez des options ou des variantes ! Cela ne pousse pas à être intelligent et pro actif !

- L'influence des services achats, corollaire du point précédent. On envoie un cahier des charges assez pauvre et on retient le moins cher. Résultat : les études de satisfaction clients s'appauvrissent et il y a beaucoup moins de valeur ajoutée...

La double importance apporte une réelle valeur ajoutée aux études de satisfaction car elle permet s'associer la direction de la communication, la direction marketing et la direction qualité, pour aller tous dans la direction du client ! Cette matrice vous donne une lecture ce que est important ou pas, mais elle ne vous dit pas comment vous êtes évalué sur chacun des critères ! Pour le savoir vous devez utilisiez un autre outil : la matrice importance × satisfaction.

Jean-François Boss (1940)

Jean-François Boss a été professeur titulaire marketing HEC Paris chaire de distribution de 1973 à 1999. Il est président de la commission prix et médailles Académie des Sciences commerciales depuis 2000 et a été pendant longtemps le rédacteur en chef de la *Revue française du Marketing* (1980-2010).

« Pourquoi la satisfaction clients » est un billet que je considère comme fondateur de notre discipline de l'analyse de la satisfaction client. Il a été publié dans la *Revue française du Marketing*, n° 144-145, en 1993. Dans cet article, Jean-François Boss fait connaître l'importance du concept de satisfaction quand l'économie des services transforme le champ d'application du marketing et replace ainsi les clients au centre de la stratégie. Son approche de la satisfaction et de sa mesure trouve de très nombreux échos opérationnels auprès des grandes sociétés de service et des prolongations dans la mise en œuvre des outils de CRM (*Customer Relationship Management*).

Cet article fondateur a permis de vulgariser le concept de « double importance » et en particulier de comparer :

- le système d'importance déclarée (les attentes exprimées) ;
- au système d'importance calculée (analyse de contribution).

Il permet ainsi de faire la part entre le discours et la réalité.

Son analyse des phénomènes de double importance dans la satisfaction clients (déclarée × calculée) est connue sous le nom de « matrice de Boss ».

L'analyse sensibilité « bonus-malus »

Revenons sur l'analyse d'importance calculée. Celle-ci peut être étudiée plus finement, pour aller un peu plus loin dans la compréhension des mécaniques de la satisfaction client.

Nous reprenons les analyses de corrélation précédentes et regardons l'indice ou le niveau de corrélation de chaque niveau de satisfaction sur un critère avec la satisfaction globale.

Nous allons chercher à savoir quels sont les critères malus (mauvais est grave), les bonus (bon est intéressant) de ceux qui moins sensible.

Le graphique ci-dessous montre l'impact d'une note (bonne ou mauvaise) sur la note globale :

- Plus la 2e barre supérieure est haute plus la corrélation entre un critère et la note globale est positive (bonus).
- Plus la 2e barre supérieure est basse, plus la corrélation est négative (malus).
- Les deux autres graphiques (1e ou 2e barre inférieure) montrent l'impact des notes intermédiaires.

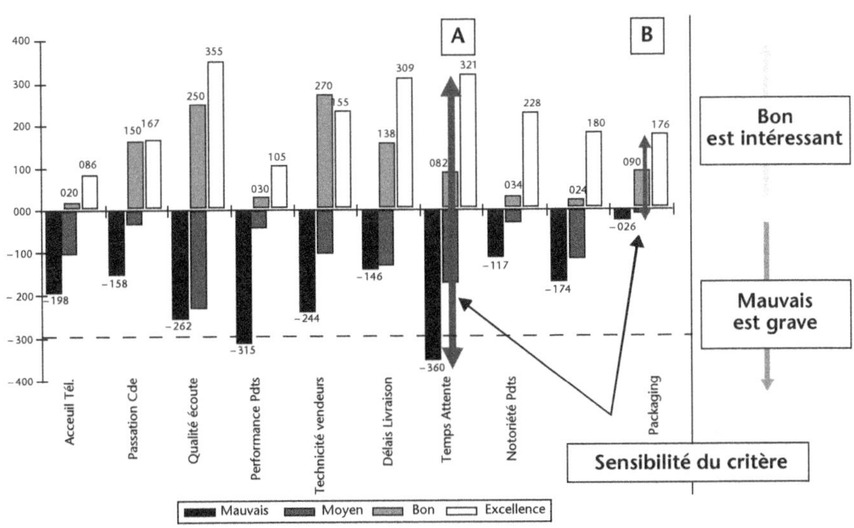

Figure 5.3 – Analyse sensibilité (importance)

À l'aide de cette méthode statistique de calcul des importances de chaque critère dans la satisfaction globale, il devient donc possible de repérer les critères :

- Bonus : pour lesquels une bonne évaluation est contributive (le critère 3 dans le graphe).

- Malus : pour lesquels une mauvaise évaluation est pénalisante (le critère n° 7).
- Le plus sensible de tous (le critère n° 7 dans le graphique. Il est fort en contribution négative et sa contribution positive est également forte).
- Le moins sensible : être bon est naturel et ne rapporte plus rien – être mauvais vous est pardonné (ex : le critère n° 10).
- En sur qualité : les critères 2 et 5 sont plus contributifs à un niveau bon qu'au niveau excellent (être « très bon » ne rapporte rien de plus...).

Les critères sont ensuite classés du plus sensible au moins sensible (en terme d'amplitude) pour :

- disposer d'un référentiel de qualité de service client (du plus au moins sensible) ;
- faire un bilan de l'importance de chaque critère dans la satisfaction de ses clients ;
- s'intéresser aux premiers (les plus sensibles) afin de voir si les « bonnes » notes de satisfaction sont bien sur ces critères (c'est la matrice importance × satisfaction n° 3).

Avec cette méthode, il devient donc possible d'atteindre quatre objectifs :

1. repérer l'influence d'une « très bonne note » sur un critère dans la satisfaction globale des clients ;
2. localiser les critères sur lesquels « la recherche de l'excellence » va être payante ;
3. identifier ceux pour lesquels on fera de la « sur-qualité » inutilement ;
4. fixer un objectif de satisfaction à atteindre à chaque critère compte tenu de sa sensibilité.

L'analyse « bi-directionnelle »

Les facteurs engendrant la satisfaction sont indépendants et différents de ceux qui suscitent l'insatisfaction. Ce principe est appelé théorie bi-factorielle d'Herzberg.

Le contraire de la satisfaction n'est pas l'insatisfaction, mais la non-satisfaction (zone de neutralité). Il existe en effet un bon nombre de critères sur lesquels être bon est « normal » et non différenciant.

- *Ce qui rend vos clients « très satisfaits » est différent de ce qui les rend « très insatisfaits » !*

Cette théorie a été reprise en 1998 par Sylvie Llossa dans sa recherche doctorale à l'IAE d'Aix-en-Provence et mise en application sur la mesure de la satisfaction des clients. Sa recherche a confirmé la présence de facteurs différents, intervenant en positif ou en négatif, de manière isolée ou couplée dans la satisfaction des clients.

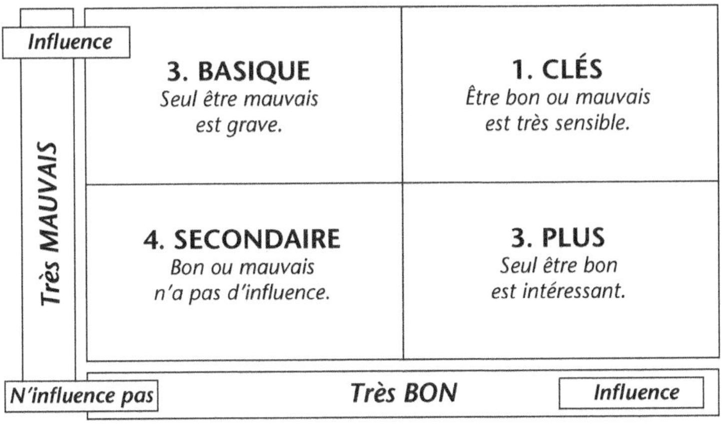

Figure 5.4 – Matrice d'analyse bi-directionelle

Avec l'analyse bi-directionnelle de satisfaction clients (bonus ou malus) on peut distinguer quatre catégories de critères :

1. Critères CLÉS : être bon ou mauvais est très sensible. Ces critères influencent fortement le degré de satisfaction globale du client, quelle que soit leur évaluation par le client (positive ou négative – bonus et malus).
2. Critères PLUS : seul être bon est intéressant. Si ces critères sont évalués positivement par le client, ils contribuent fortement à son niveau de satisfaction globale. Lorsqu'ils sont évalués de façon défavorable, ils n'y contribuent pas (que du bonus, jamais de malus).
3. Critères BASIQUES : seul être mauvais est grave. Si ces critères sont évalués négativement par le client, ils contribuent fortement au niveau d'insatisfaction globale. Lorsqu'ils sont évalués de façon favorable, ils contribuent faiblement à la satisfaction. (que du malus pas de bonus).
4. Critères SECONDAIRES : bon ou mauvais n'a pas d'influence. Ces critères n'ont pas de rôle primordial dans la satisfaction globale du client, quelle que soit leur évaluation (ni bonus ni de malus).

Vous trouverez ce mapping sous deux appellations : analyse tétra classe et matrice de Llossa.

Sylvie Llossa

Chercheuse et professeur des universités à l'IAE Aix-Marseille GSM, elle est depuis 2005 professeur titulaire à l'université en sciences de gestion, où elle donne des cours en service marketing et satisfaction client. C'est une des rares chercheuses à travailler exclusivement sur des problématiques de satisfaction client. Elle fait un relais intéressant entre le monde académique et celui des entreprises.
Elle intervient régulièrement dans des séminaires de « gestion de la qualité de services » pour SNCF, Accor, Orange, Elior, Barrière, Pierre et Vacances, Rainbirds, Générale de Santé... à propos de la gestion de la satisfaction dans les entreprises de services.
Elle est également membre du comité d'administration de l'Association Française du Marketing et est éditeur lecteur permanent depuis 1998 pour les revues *Applications en Marketing, Décisions Marketing* et *Revue française du Marketing.*
Son travail de recherche fondateur à notre discipline a été sa thèse de doctorat, publiée en 1996, dont le titre est « Contributions à l'Étude de la satisfaction », passée en sciences de gestion, à l'Université Aix-Marseille III. Ses travaux font une mise en perspective intéressante et très opérationnelle dans les analyses d'importance calculée.
Les travaux de Sylvie Llossa sont dans la continuité de ceux de F. Herzberg.

Frederick Herzberg (1923-2000)

Frédéric Herzberg a été Professeur de psychologie et de management à Case Western Reserve University à Cleveland aux États-Unis et à l'université de l'Utah. Il a travaillé pour le compte du *Public Health Service* américain après avoir constaté certains manques dans le domaine de la psychologie industrielle. Il a essayé de les combler en innovant par l'étude des motivations de l'homme au travail en tenant compte du travail dans son contenu. Durant plus de 20 ans, il a conduit de nombreuses recherches sur les motivations humaines au travail et l'adéquation des méthodes d'organisation du travail aux besoins de l'Homme.
Il a été le père fondateur du *job enrichment*, et son ouvrage *Work and Nature of Man* a été classé parmi les 10 ouvrages de la théorie et pratique de management les plus importants du XXe siècle. Il était de son temps considéré comme « l'autorité la plus notable au monde dans l'innovation en management ». Son œuvre s'intéresse aux relations de travail d'un point de vue humaniste et aux conditions de travail en milieu industriel.
Pour se faire comprendre, il présente une théorie, l'anthropologie de l'homme au travail, qu'il fonde sur l'analyse d'un double mythe, qu'il va baptiser le mythe d'Adam et le mythe d'Abraham.

- Mythe d'Adam : échapper à la souffrance, recherche de tout ce qui va réduire sa souffrance.
- Mythe d'Abraham : lui est l'élu, dieu l'a choisi et sa motivation est de réaliser sa destinée, d'accomplir ce pour quoi il a été choisi.

L'homme au travail est à la fois Adam et Abraham : il recherche à souffrir le moins possible (fatigue, stress), mais également à s'épanouir, à se réaliser. Les relations de l'homme au travail sont donc imprégnées d'une ambiguïté fondamentale. Dans le phénomène de groupe, on a à la fois la figure d'Adam et celle d'Abraham. Herzberg en déduit une méthodologie de l'homme au travail avec deux grands déterminants : les facteurs de satisfaction et d'insatisfaction au travail, et l'analyse bi factorielle.

La théorie des deux facteurs développée par Frederick Herzberg stipule que la satisfaction au travail et l'insatisfaction au travail agissent de manière indépendante. Ainsi, le contraire de la satisfaction n'est pas l'insatisfaction mais l'absence de satisfaction. De même, le contraire de l'insatisfaction est l'absence d'insatisfaction. Il est donc possible pour un employé d'être à la fois satisfait et insatisfait dans son travail. Les facteurs de motivation sont reliés au contenu du travail (responsabilités, réalisations) alors que les facteurs d'insatisfaction sont reliés à l'environnement du travail (sécurité d'emploi, salaire, avantages sociaux).

Ses deux ouvrages majeurs sont *Work and the nature of man* (1971) et *One more time : How do you motivate employees ?* (1987).

Typologie des importances × segments

Voici une autre utilisation des analyses d'importance. Lorsque nous parlons d'importance, le calcul est souvent effectué au niveau « global » de l'entreprise, c'est le plus facile, c'est moins cher, c'est le plus robuste... Mais il semble évident que l'importance des critères ne doit pas être la même pour tous les segments de clients ?

L'intérêt de l'utilisation de l'importance au niveau global est plus managérial que marketing : un seul référentiel d'importance pour fédérer les efforts qualité de l'entreprise est plus simple à gérer !

Mais sur le plan marketing, il peut être parfois intéressant de comparer les systèmes d'importance des grands segments de clients afin de repérer quels sont ceux qui sont semblables ou différents...

Par segment nous entendons :

- des lieux : points de ventes, villages de vacances, hôtels ;
- des zones commerciales : secteurs, régions, pays ;
- des types de clients différents (hommes, femmes, âge, CSP, comportement achat, etc.) ;
- etc.

Sur le plan méthodologique, il faut disposer d'une base de réponses suffisante par segment pris en compte pour faire des analyse d'importance

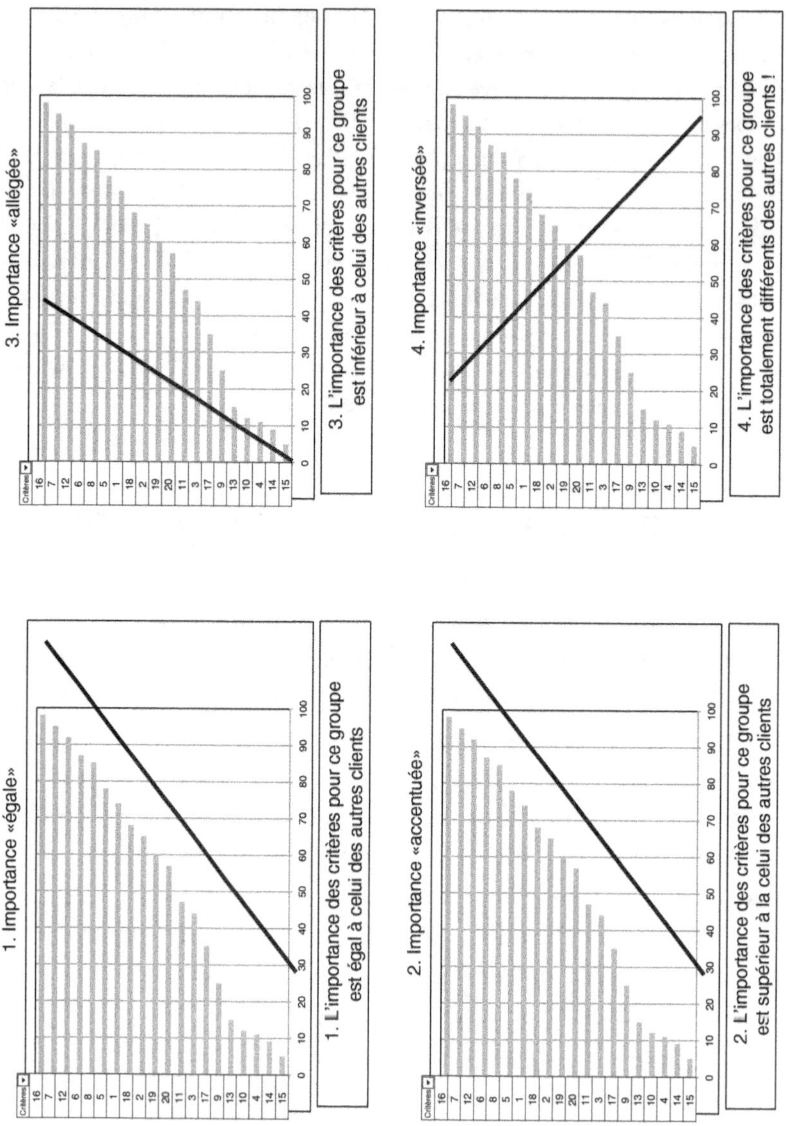

Figure 5.5 – Typologie importance différenciée

spécifiques, un minima de 100, un optimal à 400 et comme toujours en statistique, plus y il en a plus c'est facile à réaliser et plus c'est robuste...

Vous pouvez penser à utiliser les résultats de vos enquêtes de satisfaction d'une ou de plusieurs années pour cumuler des bases et disposer des résultats « par segment », ce sera là aussi plus robuste.

L'approche consiste à effectuer des calculs d'importance pour tous les segments en présence. La création d'un indice de comparaison permet d'établir une typologie en 4 groupes :

1. égal : importance « semblable » à la moyenne globale ;
2. accentué : même référentiel d'importance mais accentué, « la même chose que toute le monde mais en plus fort »... ;
3. allégé : même référentiel d'importance mais atténué, « la même chose que toute le monde mais en moins fort »... ;
4. inversé : référentiel d'importance contraire du global, « des attentes différentes des autres »...

J'ai eu l'occasion de faire ce type d'analyse pour un réseau de plusieurs centaines de points de vente et nous les avons regroupés dans ces quatre grands types de groupes pour affiner les analyses marketing.

Retenez bien que vous n'avez pas besoin de refaire une nouvelle étude, le retraitement de vos anciennes enquêtes (une année ou en cumul) vous offre une matière première permettant de faire des analyses supplémentaires à moindre frais.

Grâce à vos sondages, vous avec trouvé du pétrole, pensez à le raffiner !

Croisement importance et satisfaction

Le mapping ci-dessous présente le croisement de l'importance et de la satisfaction. Chaque point représente un critère de qualité de service de votre enquête de satisfaction. Ces critères sont classés en deux axes :

- horizontal : classement des critères selon leur importance (déclaré ou calculé) ici. Le plus souvent c'est l'importance calculée qui est retenue. C'est la plus simple et la moins onéreuse ;
- vertical : les critères sont classés du mieux évalué au moins bien noté. Peu importe que les évaluations soient en sémantique (des mots) ou en mathématique (des chiffres), ce qui importe ici est le classement relatif.

Ce mapping permet de définir quatre zones.

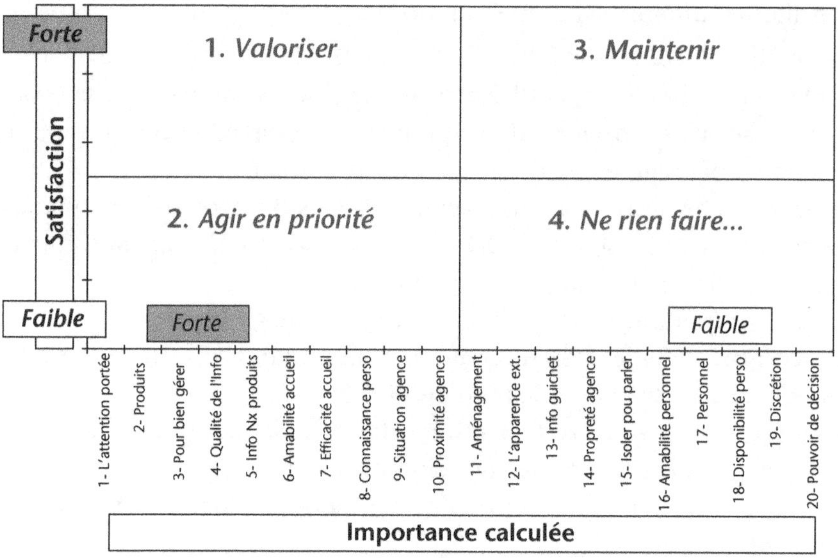

Figure 5.6 – Mapping importance × satisfaction

1. Importance forte et satisfaction forte : c'est le bonheur, tout va bien ! Vous avez de bonnes évaluations sur des critères importants pour les clients. Action : valorisez ces critères en termes de communication, ne faites pas de sur-qualité. Vous pouvez même commencer à vous poser la question de savoir si vous ne pouvez pas faire des économies sur ces sujets pour les maintenir à leur niveau de performance actuel.
2. Importance forte et satisfaction faible : c'est là que ça se joue ! Vous avez de mauvaises performances sur des critères sensibles. Plan d'action qualité, créativités, *brainstorming*, mobilisez-vous !
3. Importance faible et satisfaction forte : bonne nouvelle, vous pouvez maintenir vos performances sur ces sujets, mais là aussi ne faites pas de sur qualité !
4. Importance faible et satisfaction faible : ces critères sont les moins sensibles et vos moins bonnes performances sur ces critères ne semblent pas avoir d'effet. Dans un premier temps, vous pouvez les ignorer et investir sur les autres sujets...

Limites et réserves

Mon expérience de la matrice « importance × satisfaction » m'a cependant alerté sur un de ses points faibles. Elle est séduisante parce qu'elle est simple, mais les anciens savent que « tout ce qui est simple est faux »...

Pour ceux qui l'utilisent : regardez vos taux d'insatisfaction : Si les taux les plus forts sont dans le carré 4, vous êtes dans le piège du mapping I × S !

Intéressez-vous aux critères du carré 4 dans lequel votre taux d'insatisfaction est élevé. Un fort taux d'insatisfaction a tendance à atténuer l'analyse statistique de contribution...

L'importance calculée « dynamique »

Nous avons vu dans le chapitre précédent l'importance « calculée » de chaque critère dans la satisfaction globale.

Ce type d'analyse est aussi appelé « importance calculée directe » dans la mesure où elle explique la contribution de chaque critère à la satisfaction globale « en relation directe » sans prendre en compte les effets d'inter-corrélation des critères entre eux.

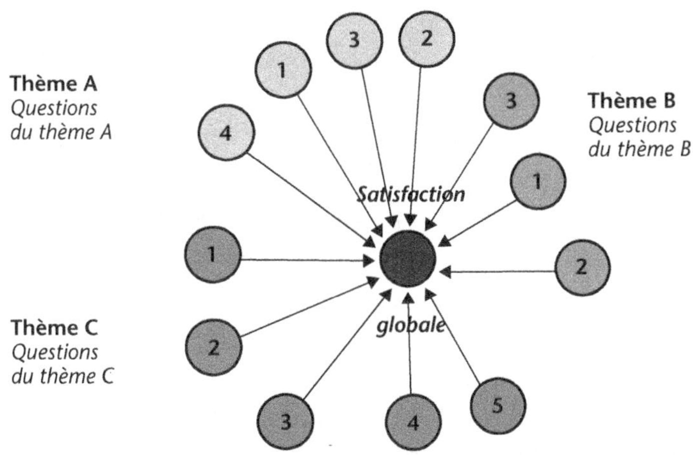

Figure 5.7 – L'importance calculée directe

On a ainsi un graphique « en roue de bicyclette », comme le montre la figure 5.7. Avec ce type d'analyse, on connaît le poids de chaque critère dans sa contribution à la satisfaction des clients, la variable centrale

La critique que font les chercheurs à ce calcul d'importance directe est que tous les critères sont corrélés : on se trouve face à un système dynamique où tout a de l'influence sur tout...

- *Améliorer la satisfaction sur un critère impacte la perception sur tous les autres critères !*

Il existe donc un second type d'analyse dite « d'importance dynamique » qui permet d'aller un peu plus loin et de comprendre les relations entre les critères et de les voir, comme le montre le second graphique du bas.

Exemple concret

- Si j'ai un mot d'accueil gentil en entrant dans un magasin, toute mon expérience va être plus positive.
- Si à l'inverse j'ai une remarque désagréable, mon expérience va être plus négative.

Le même point de vente, la même offre, le même niveau de prix et de service, mais toute ma perception et mon vécu ont été influencés par un seul élément !

Les analyses dynamiques d'importance vont donc permettre de comprendre trois choses :

1. Quels sont les critères qui ont le plus de pouvoir d'influence sur tous les autres ?
2. Quels sont ceux qui en ont peu ou pas du tout ?
3. Quel est le critère qui influence le plus de critères eux-mêmes influenceurs (en cascade) ?

C'est ce que nous appelons « l'effet billard » : en trois bandes et avec 4 rebonds, vous pouvez gagner la partie avec un seul coup décisif. L'objectif final de ce type d'outil : trouver les 20 % de critères qui vont impacter 80 % de la satisfaction (ou la fidélité) des clients.

On tâtonne un peu, on fait des analyses itératives avec vos équipes, on discute, mais on finit toujours par y arriver ! On peut alors mobiliser les équipes sur les quelques critères clés qui vont influencer positivement tous les autres et avoir un très fort effet de levier sur la satisfaction globale.

On peut ainsi optimiser les investissements en ne misant que sur les points les plus sensibles dans la relation client.

Sur le plan technique, ces analyses d'importance dynamique de satisfaction clients sont réalisées avec des logiciels d'analyse bayésiennes.

Réseaux d'influence bayésiens

Un réseau bayésien est un modèle probabiliste graphique permettant d'acquérir, de capitaliser et d'exploiter des connaissances statistiques.

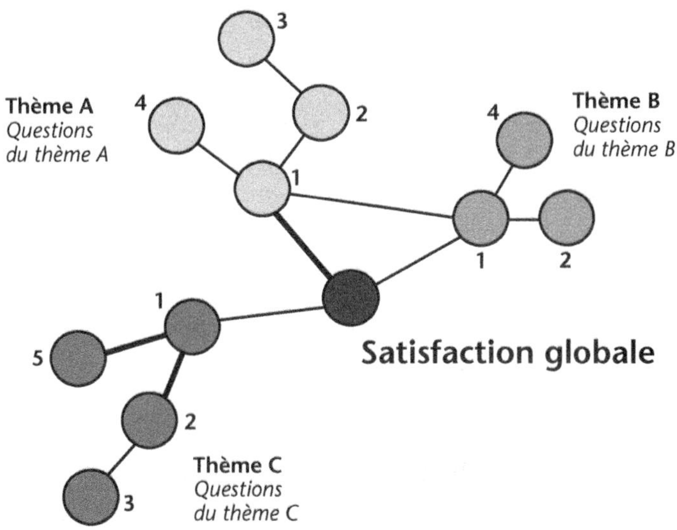

Figure 5.8 – Exemple de réseau bayésien

Un réseau bayésien est un graphe de type « réseau neuronal » qui résume plusieurs informations sur le plan graphisme :

- la variable centrale ou variable à expliquer (la satisfaction globale dans l'exemple ci-contre) ;
- les variables périphériques sous forme de points ou variables explicatives (les critères) ;
- les couleurs des points correspondant à chaque thème d'appartenance du critère ;
- les liens montrent la relation dynamique entre les critères, l'absence de relation et la chaine des relations.

L'épaisseur du trait résume la force du lien.

Il est possible :

- de faire varier le zoom pour faire apparaitre plus ou moins de liens (forts ou faibles) ;
- de laisser le logiciel proposer des regroupements de critères fortement corrélés afin de voir quels sont les clusters créer et quel sont les regroupements de critères/thèmes soumis ;

- de simuler une ambition sur un critère précis et d'apprécier l'impact sur tous les autres critères et sur la variable cible.

Les réseaux bayésiens sont les successeurs et héritiers naturels des approches symboliques, connexionnistes et statistiques de l'intelligence artificielle et du *data mining*. Ils allient la rigueur d'un formalisme mathématique puissant et stable à l'efficacité d'une représentation « distribuée » de connaissances et à la lisibilité des modèles à base de règles. Particulièrement adaptés à la prise en compte de l'incertitude, ils peuvent aussi bien être décrits manuellement par les experts du domaine que générés automatiquement par apprentissage. Un réseau bayésien sert à représenter la connaissance que l'on a d'un système ou à découvrir cette connaissance en analysant des données).

L'exploitation du réseau permet ensuite :

- d'analyser des données ;
- de prendre des décisions ;
- de diagnostiquer : on observe des effets observés et on veut en déduire la répartition de probabilité sur les causes possibles ;
- de simuler (le comportement du système) : il s'agit du chemin inverse, on renseigne les variables d'entrées (causes) pour observer la répartition de probabilité résultante sur les effets ;
- de contrôler le système, etc.

En 2004, le MIT (Massachusetts Institute of Technology) a publié le classement des dix premières technologies appelées à révolutionner le monde industriel dans les années à venir : l'exploitation des réseaux bayésiens, notamment par apprentissage automatique, apparaît en 4e position.

Reconnus par les géants de l'informatique comme une des conditions de leur succès dans les prochaines décennies, les réseaux bayésiens constituent le socle incontournable des solutions décisionnelles capables de relever les défis actuels.

Exemple

Le logiciel Bayesia Lab et les réseaux bayésiens

La société Bayesia est une société française, un des leaders mondiaux des logiciels d'analyses bayésiennes. Elle a été créée en 2001 par deux docteurs en sciences de la faculté de mathématiques de Laval, Paul Munteanu et Lionel Jouffe.

Leur volonté : mettre au service des entreprises le fruit de leurs dix années de recherche sur les réseaux bayésiens. Ils font partie des très rares experts à maîtriser parfaitement cette technique d'analyse de données.
« Lors de nos recherches, nous nous sommes rendus compte que les réseaux bayésiens permettaient d'apporter des réponses inédites aux problématiques quotidiennes du monde de l'industrie. Nous avons décidé de mettre nos années de recherche en application et de créer Bayesia, afin de développer des logiciels dédiés aux entreprises. »
Lauréate du concours de création d'entreprises innovantes (ministère de la Recherche, ANVAR) et activement soutenue par l'OSEO, Bayesia a exporté ses progiciels dans le monde entier et conquis de grands groupes comme Acxiom, American Diabetes Association, Dassault Aviation, EDF, GfK, INERIS, Ipsos, PSA Peugeot Citroën, Renault, Saint Gobain, Société Générale, Soft.Computing, TNS Sofres, US Navy et bien d'autres encore.
Forte de son équipe de docteurs et d'ingénieurs, Bayesia poursuit aujourd'hui son activité de développement logiciel et de services (formation, conseil) et participe parallèlement à des projets de recherche appliquée en consortium. INIT, ma société, maîtrise le logiciel Bayesia Lab depuis 2002 et servi de « bêta testeur » aux applications marketing client.

Les engrenages bayésiens

Tout ce qui est complexe a besoin d'être simplifié et c'est aussi le cas des analyses bayésiennes.

Vous connaissez sans doute l'adage : « tout ce qui est simple est faux, mais tout ce qui est compliqué est inexploitable ! » ; nous devons donc toujours naviguer entre ces deux injonctions !

Lorsque votre Comité de Direction, dans sa grande sagesse, vous donne 15 minutes pour présenter les conclusions et les résultats de vos travaux sur l'analyse de l'importance dynamique des critères vous avez intérêt à faire simple !

C'est ce que nous avons cherché à faire avec la représentation « en engrenages » des analyses bayésiennes.

Puisque chaque critère en entraîne un autre, qui en entraîne un autre, etc., quel est finalement le poids de chaque critère et de chaque dimension pris en compte dans la mesure, compte tenu de leurs effets cumulatifs ?

L'engrenage représente donc le « poids cumulé » de l'influence d'un critère (compte tenu de son influence sur tous les autres critères de manière directe ou indirecte) sur la variable à expliquer, la satisfaction globale dans le cas du graphique ci-dessous.

Exemple

En BTP

Le graphique ci-dessous présente les résultats d'une analyse bayésienne en B to B menée à partir d'un questionnaire d'une quarantaine de critères et de 650 clients répondants. La graphique en engrenage confirme l'importance de deux dimensions dans l'optimisation de la satisfaction des clients :

- L'offre (produits et services) qui explique 51 % de la satisfaction.
- La relation commerciale dont le poids est de 23 %.

Cela veut dire qu'en travaillant sur ces deux thématiques seulement, on va influencer favorablement 74 % de la satisfaction client !

L'analyse plus fine des critères des thèmes et du réseau bayesien permettront de travailler de manière plus opérationnelle avec les décideurs concernés.

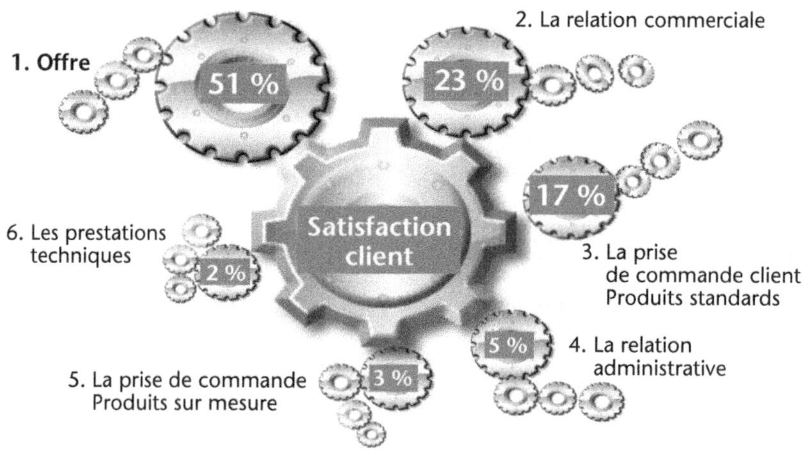

Figure 5.9 – Engrenages bayésiens en B to B

Chaque thème contient donc des critères dont le poids peut lui même être identifié dans l'analyse. Ne me demandez pas de vous donner le détail des critères et de leurs poids et ceci pour plusieurs raisons :

- Il s'agit des résultats d'une vraie étude menée il y a quelques années pour une entreprise et ces résultats sont bien entendu confidentiels.
- Ces poids n'ont rien d'universels :
  - la même étude, menée un an ou deux plus tard, ne donnerait pas la même chose. Les performances de l'entreprise et de ses concurrents ont changées, les attentes des clients se sont déplacées... ;
  - une autre étude B to B pour un autre client donnerait des choses différentes.

Le seul moyen de connaître les poids de vos critères en dynamique bayésienne, sous forme de réseau neuronal ou d'engrenages, c'est de réaliser votre propre analyse... Vous pouvez envisager le faire si vous avez des données d'enquêtes à votre disposition, en demandant à un institut d'étude de vous faire une proposition de « retraitement » de votre enquête avec d'autres approches... Votre sondage vous a permis de trouver du pétrole, vous pouvez maintenant le raffiner pour en faire un produit plus abouti...

Les analyses bayésiennes ne sont pas, bien entendu, limitées aux seules enquêtes de satisfaction ou de fidélité clients. Elles peuvent s'appliquer à tout sujet où vous avez une variable « à expliquer » et des variables « explicatives » :

- le prix ;
- la fidélité ;
- l'image ;
- la préférence ;
- la confiance ;

Exemple

En e-commerce

Voici l'exemple d'une étude bayésienne expliquant la confiance dans un site Internet (étude menée sur Internet auprès de 1 000 clients de 5 sites marchands).

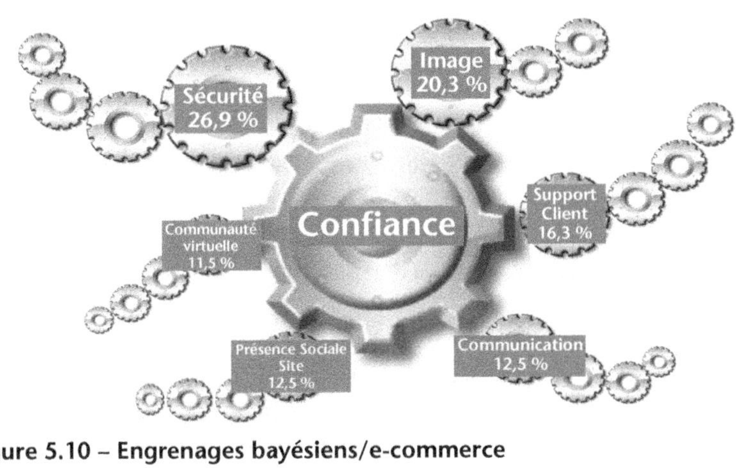

Figure 5.10 – Engrenages bayésiens/e-commerce

Sur un site e-commerce, la confiance est l'accumulation de six composantes, les six engrenages qui font tourner la fabrique de la confiance :

- la perception de la sécurité ;
- l'image dégagée par le site et son ergonomie ;
- le support client, qui prend une place très importante et passe par un staff accessible ainsi qu'un service client efficace ;

– la communication personnalisée entretenue avec les acheteurs (je suis connu et reconnu) ;
– une présence sociale du site (des images de clients qui facilitent l'identification) ;
– et une communauté virtuelle, composée d'une certaine transparence des messages clients et de partage d'opinions.
C'est grâce à cette confiance, qui se crée entre le site et l'e-acheteur, que la satisfaction pourra naître.

Cependant, la satisfaction n'entraîne pas forcément la fidélisation. Pour qu'il y ait fidélisation, il faut une alchimie entre trois thématiques :

1. un niveau de confiance préalable qui déclenchera l'achat ;
2. puis une expérience positive après achat, qui entraînera une satisfaction ;
3. plus une dimension imaginaire, qui s'alimentera à deux sources :
   - les valeurs de la marque (les croyances) ;
   - l'innovation (produit ou services).

Sans ses éléments, la satisfaction restera plate et n'entraînera pas l'engrenage de la fidélisation.

Les analyses bayésiennes et Thomas Bayes

Thomas Bayes (1702-1761) est un mathématicien britannique et pasteur de l'Église presbytérienne, connu pour avoir formulé le théorème de Bayes. C'est un des pères fondateurs des calculs de la probabilité. On lui doit en particulier une loi importante des probabilités, le théorème de Bayes (posthume, 1763), très utilisée en classification automatique.
Dans son unique article, Bayes cherchait à déterminer ce que l'on appellerait actuellement la distribution a posteriori de la probabilité P d'une loi binomiale.
Les résultats de Bayes ont été redécouverts et étendus par le mathématicien français Laplace dans un essai de 1774, lequel n'était apparemment pas au fait du travail de Bayes.
Ses travaux les plus importants ont été publiés à titre posthume par Richard Price, deux ans après son décès, et ont été résumées dans son *Essai sur la manière de résoudre un problème dans la doctrine des risques* (*Essay Towards Solving a Problem in the Doctrine of Chances*, 1763) publié dans les comptes-rendus de l'Académie royale de Londres (*The Philosophical Transactions of the Royal Society of London*).
Ses travaux ont été repris par Henri Poincaré dans l'obtention de la chaire de physique mathématique et de calcul des probabilités en 1886.
En 1899, Poincaré a participé à l'affaire Dreyfus en dénonçant et corrigeant les erreurs mathématiques d'analyse du bordereau qui l'accusait, grâce notamment à l'utilisation du théorème de Bayes

Poincaré a été, en 1901, le premier lauréat de la Médaille Sylvester de la Royal Society (l'antécédent de la médaille Fields ou Nobel de mathématiques) et président de la Société mathématique de France.
Un exemple parmi d'autres des applications actuelles du théorème de Bayes est la lutte contre le spam, par la méthode dite d'inférence bayésienne.

Bayésia : conclusions

Le nom de Bayes a donc plusieurs facettes :

- un chercheur en mathématiques ;
- un principe mathématique : « le théorème de Bayes » ;
- des méthodes statistiques : « les analyses bayésiennes » ;
- une société française : Bayesia ;
- un logiciel : « Bayesia Lab ».

Comparaison de 5 types d'indicateurs

Dans la réalisation des études de satisfaction clients, le problème est souvent de trouver le « bon » indicateur de synthèse à publier. Cependant, la communication des résultats des enquêtes de satisfaction client doit répondre à deux objectifs antagoniques :

1. Faire très simple en termes de communication interne.
2. Rendre compte de la variation des performances des unités :
   - dans le temps (évolution) ;
   - dans l'espace (comparaison entre les unités).

Vous avez donc deux objectifs contradictoires et il va vous falloir choisir entre deux maux !

- Le plus mauvais indicateur des 5 est « le taux de satisfaction global ».
- Le taux de satisfaction global est le plus simple mais c'est celui qui « bouge » le moins...
- Le plus simple est le moins efficace ! Si on veut être « très efficace » cela ne peut pas être « très simple » !

Posez-vous la question du choix que vous (ou d'autres) ont fait dans la publication des résultats de votre étude de satisfaction client : très simple ou très efficace ?

Démonstration

La figure 5.11 montre les cinq types d'indicateurs de synthèse qu'il est possible d'éditer (on arrive en fait à huit indicateurs possibles si vous prenez les sous-niveaux de certains).

1. Le taux de satisfaction global, soit avec le % « très satisfait » ou avec le « taux de satisfaction global ».
2. Le NPS avec deux niveaux possibles :
   - construit sur la recommandation (classique) ;
   - construit sur la satisfaction.
3. Le score de satisfaction global (avec deux hypothèses : sévère ou classique).
4. Un score construit sur quatre questions impliquantes.
5. L'indice de performance (toutes les notes pondérées par leur importance).

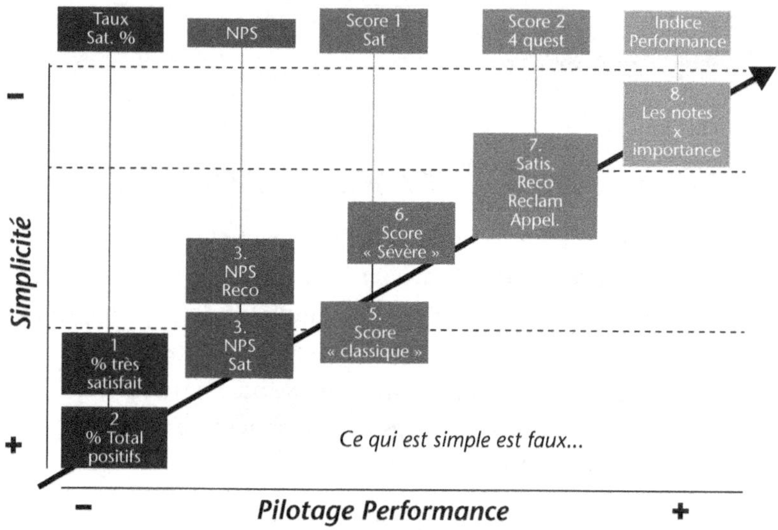

Figure 5.11 – Cinq types d'indicateurs de synthèses

Ce tableau et cette étude ont été réalisés pour un grand constructeur automobile qui réalise depuis des années des études de satisfaction auprès de ses clients. Ces études sont menées dans tous les pays du monde et ont fini par aboutir aux conclusions suivantes :

- Le taux de satisfaction publié est très élevé, donc peu impliquant.
- Ce taux ne varie plus dans le temps (au trimestre) et pour chacun des 20 pays, donc démobilisant.

La communication des résultats aux équipes se faisait sur le taux de « très satisfait », soit la première réponse à la question de satisfaction globale « Êtes-vous : très, plutôt, plutôt pas, pas du tout – satisfait ». C'est une manière de faire assez répandue qui a le mérite de la simplicité mais qui pose le problème de savoir ce que l'on fait des autres réponses (à quoi bon les poser alors ?).

L'objectif de ce travail était multiple :

- Retravailler à partir des bases de réponses existantes.
- Proposer plusieurs méthodes de traitement et de présentation des résultats.
- Comparer les méthodes entre elles, leurs avantages et inconvénients.
- Analyser la corrélation de chaque méthode avec l'indicateur actuel.
- Trouver la méthode qui donne le plus de variances aux résultats (dans le temps et l'espace).
- Proposer des modes de représentation graphiques qui facilitent la compréhension en interne.
- En parler et échanger avec l'équipe marketing pour retenir le « meilleur » indicateur de synthèse.

Nous avons reçu une base de 200 000 questionnaires sur un périmètre permettant de réaliser les analyses :

- 4 pays.
- 2 ans d'historique.
- 2 marques différentes.
- 2 types de produits vendus par marques.
- Des analyses menées au trimestre et à l'année.
- Un questionnaire de 15 questions.

Conclusions

1. Le plus mauvais indicateur des 8 est « le taux de satisfaction global ».

- Il résulte de l'addition des deux premières réponses positives de l'échelle.
- C'est celui qui est le plus utilisé parce que « le plus facile ».
- Problème : l'addition des deux chiffres vous cache la distribution des taux : 80 % de satisfaction globale avec : 60 % de « très satisfaits » et 20 % de « plutôt satisfaits » donne le même taux avec la répartition inverse : 20 % de « très satisfaits » et de 60 % de « plutôt satisfaits » !

2. Le meilleur indicateur des 8 est « le score de performance ».

- C'est un indice de synthèse où la note de satisfaction de chaque critère est pondérée par son importance.
- L'importance est au préalable déterminée par des analyses statistiques de contribution qui permettent de repérer les critères qui influencent réellement la satisfaction des clients.
- Cet indice tient compte des attentes des clients et apporte la réponse à la question clé : avons-nous des bonnes notes sur les critères les plus importants ?

- L'indice de performance permet de fournir à la fois une variance plus forte entre les unités et un niveau différent du seul % de taux de satisfaction.

De fait, l'indice de performance est un indicateur qui se base sur des éléments plus objectifs car plus fins qu'un indicateur global (satisfaction globale ou recommandation). De plus, la hausse ou la baisse d'indicateurs plus globaux peut parfois s'expliquer par l'évolution de l'image d'une marque, non pris en compte dans l'étude, et non par la seule qualité des prestations. Le système de vitrail (code couleur de la performance de chaque critère par rapport à son importance) qui lui est associé, permet de comprendre, de manière concrète quels sont les critères qui expliquent une hausse ou une baisse de l'indicateur.

Cet indicateur « Indice de performance + Tableau vitrail des performances » répond donc bien aux objectifs visés :

- Un chiffre qui varie en fonction des performances.
- Et que l'on puisse expliquer aux équipes.
- L'étude comparative des huit indicateurs a permis de fédérer le management sur l'importance du changement et le choix à effectuer.
- L'aspect « communication interne » doit être pris en compte afin de fédérer les équipes dans de l'implication dans l'indicateur de performance.

L'essentiel

▶▶ **Les méthodes d'analyses** de l'importance des critères sont riches et multiples car c'est le point crucial et majeur des études de satisfaction : savoir si vos clients sont satisfaits ne sert à rien si vous ne savez pas si vous êtes bons sur ce qui est important.

▶▶ **Il existe** en fait deux grands principes de base d'analyse des importances (déclaré ou calculé) mais la façon de les croiser, de les mixer, de les présenter rend leur usage et les interprétations très riches.

▶▶ **Avec un peu de budget** et des bonnes bases de réponses, vous pourrez pousser plus loin vos analyses pour comprendre le relation dynamique entre les critères de mesure et identifier le 20 % qui ont fait toute la mécanique de la satisfaction ou de la fidélité des clients de votre entreprise.

▶▶ **Si vous gérez** des clients très différents, amusez-vous à réaliser les analyses d'importance « par type de clients », vous pourrez alors découvrir ce qui les rassemble ou ce qui les distingue et bâtir des plans d'action différentiés et adaptés à chaque cible.

Avis d'expert

Agnès Testard, directrice de l'expérience client, Butagaz

Manager-expert du développement de la culture client, j'ai eu la chance de construire mon expérience autour du client dans des environnements variés B to B et B to C, des cosmétiques (groupe Yves Rocher) aux Telco (Bouygues Telecom) en passant par le crédit (Sofinco) ou le conseil en agence pour la banque/assurance ou la distribution.
Butagaz commercialise du gaz depuis 1932, et se positionne en marque leader sur ce marché avec une expérience de plus de 80 ans dans la fourniture d'énergie selon 3 modes différents : le gaz en Bouteille, le gaz en citerne et le gaz carburation automobile. Avec un réseau de quatre distributeurs qui opèrent entre autres le service aux clients, Butagaz assure une présence commerciale et directe forte sur le territoire national.

Mon point de vue d'expert

L'équipe dirigeante a décidé de faire évoluer l'entreprise d'une culture aux bases industrielles vers une culture client. Que ce choix soit porté par la direction est indispensable dans le développement client engagé, car cela en fait un vrai choix d'entreprise. Sans cette vision stratégique et donc l'engagement des dirigeants, aucune évolution de fond ne pourrait se faire.
Le client Butagaz (de manière très classique) attend que l'on délivre ce pourquoi il a fait le choix de la marque, qu'on l'écoute, qu'on le prenne en charge si besoin, que l'on soit fiable... des basiques qu'il est parfois nécessaire de revaloriser en interne afin de s'assurer de leur bon fonctionnement aux yeux du client.
Nous avons choisi de parler d'expérience client avec toute la dimension stratégique, globale et transverse que cela implique :

- Que veut-on créer comme lien avec le client ?
- Quelle promesse relationnelle dans le cadre des valeurs de la marque ?
- Quelle trace veut-on laisser ?

Ce sont des questions fondamentales qui vont donner un sens à la démarche, une orientation que tous les collaborateurs de l'entreprise partageront et qui les guidera.
L'expérience client part du vécu du client dans sa relation avec la marque, quel que soit le point de contact. On est dans le domaine du parcours client tel que ce dernier le vit, donc avec du ressenti, d'où de l'émotion. Émotion qui va créer la différence mais qui est parfois difficile à rationnaliser. »

» La satisfaction est une composante très importante de l'expérience client car elle représente la capacité que l'entreprise va avoir de répondre à un besoin du client ou bien d'anticiper son attente en étant proactif. Elle va être mesurée après un contact ou bien lors d'un bilan régulier. Elle va permettre de faire ressortir les points d'insatisfaction éventuellement les irritants, qu'il va falloir corriger. Elle peut également permettre de se comparer aux autres entreprises.
La fidélisation est une autre composante de l'expérience client avec deux axes bien distincts :

- empêcher les clients de partir (en les retenant, en challengeant leur offre, en allant les voir, en étant réactifs dans les moments de vérité...)
- et donner aux clients des envies et des raisons de rester (en étant proactif, en les informant, en créant un lien, en apportant un service de qualité, en enchantant certains moments, en proposant un programme de fidélité...).

Objectif affiché : la confiance et la fidélité des clients pour développer le business.
Partager la réalité de l'expérience client dans l'entreprise, c'est d'abord s'appuyer sur ce que dit le client lui-même. Les études sont riches d'enseignement mais le plus fondamental est toujours l'écoute directe quel que soit le media. Faire parler le client permet de rendre les recommandations et les choix plus fiables. Cela ne veut pas dire faire tout ce que le client veut mais cela veut dire amener l'ensemble de l'entreprise à faire ce à quoi elle s'est engagée. Et dans un deuxième temps, surprendre le client, en faire plus ou mieux ou différemment pour créer l'émotion.

Chapitre 6

La mesure de la fidélité des clients

Executive summary

- **La mesure de la fidélité client** est très différente de la mesure de la satisfaction.
- **Mais la fidélité** ne se constate positivement ou négativement « qu'après » l'expérience de consommation.
- **Il est donc impératif** de disposer d'outils de mesure marketing permettant d'anticiper les intentions de fidélité ou d'infidélité de ses clients.
- **La fidélité de vos clients** ne s'analyse pas uniquement sur le contenu de vos fichiers clients…

La fidélité des clients et LA ressource n° 1 des entreprises et est devenue l'enjeu majeur de notre société d'hyper consommation actuelle. Comme toute ressource rare, elle doit être protégée, optimisée : donc elle doit être mesurée...

- *Mesurer la satisfaction est simple : une question, « êtes-vous satisfait ? », suffit.*
- *Mesurer la fidélité est plus complexe car une seule question ne suffit pas !*

Avant de faire des études marketing pour prévoir et comprendre la fidélité client, l'entreprise peut bien entendu suivre et « mesurer » la satisfaction de ses clients dans ses fichiers. C'est (normalement) le plus simple. En marketing, nous l'appelons la fidélité « prouvée ».

Mais il existe une notion aussi importante et plus prédictive de succès qui est la fidélité « déclarée », celle qui va permettre de comprendre et d'anticiper les comportements des consommateurs.

Client fidèle : définition

Est considéré comme un client « fidèle » un individu qui répond positivement à trois affirmations :

- je suis très satisfait ;
- je recommanderai ;
- je rachèterai.

Microsoft a été une des premières entreprises à utiliser cette métrique de la fidélité « déclarée » dans les années 2000, avec une proportion de « fidèles » qui avoisinait les 33 %.

L'approche avec ces 3 affirmations reste valide. On peut sophistiquer la mesure avec d'autres questions : recommandation, ré-achat, préférence, d'attachement, etc.

Fidélité client : typologie

La première étape de la mesure consiste donc à poser ces questions à un échantillon représentatif de clients, à les comparer entre type de clients et les suivre les résultats dans le temps. Le traitement de ce type d'étude repose sur une analyse multicritères qui aboutit à une typologie clients en cinq types, selon le caractère « positif, négatif ou partagé » de leurs réponses

- avocats (ou promoteur mais ce nom est déjà utilisé avec une autre définition avec le NPS ®) ;
- bienveillants ;
- neutres ;
- distants ;
- hostiles.

L'analyse du profil de chaque type de client permet de mieux comprendre les caractéristiques de chaque groupe.

Si vous savez affecter des valeurs économiques à chaque client (CA, en cours), vous disposez alors d'un outil très puissant qui permet de calculer la valeur de chaque groupe de client « positif ou négatif » et de prévoir ce qui risque d'arriver à votre business plan...

Une fois que vous savez « combien et qui » est fidèle ou infidèle, la seconde étape de la mesure consiste à pouvoir répondre à « pourquoi » les clients sont fidèles et quelles sont les racines de leur fidélité à votre entreprise ?

Fidélité client : les racines ?

Pour identifier ces racines, vous devrez analyser les deux moteurs de la fidélité :

- la satisfaction clients (l'expérience) ;
- l'image (les croyances).

  - *L'image permet de séduire, la satisfaction de garder !*

La fidélité à une entreprise repose donc à la fois sur une expérience de consommation et sur l'image de l'entreprise en question. Cette image va être très importante la première fois (séduire) mais elle restera toujours présente (ne pas décevoir).

L'étude marketing de la fidélité des clients devra toujours prendre en compte ces deux dimensions.

Analyse de l'image

L'image de l'entreprise s'alimente à cinq sources :

1. Votre propre communication.

2. Vos offres (prix et produits).
3. Votre réputation (institutionnelle).
4. La recommandation de vos clients (anciens et actuels).
5. Les médias sociaux (ce qui se dit sur vous sur le Web).

Votre pouvoir sur ces sujets est limité :

- Vous ne contrôlez vraiment que les points 1 et 2.
- Votre réputation (point 3) vient de choses que vous ne contrôlez pas toujours.
- Vous pouvez influencer positivement la recommandation (point 4) si vous avez développé une forte politique de qualité de service.
- Les médias sociaux (point 5) se feront la caisse de résonance des quatre points précédents, selon l'actualité.

Si ces cinq sources sont positives en permanence, vous irriguerez à la fois votre politique de recrutement et de fidélisations clients.

Analyse de la satisfaction

La satisfaction de vos clients va reposer sur huit points qui structurent leur expérience, ce que nous appelons « le parcours client » :

1. Vos offres publi promotionnelles (fréquence et attrait).
2. Les lieux de vente (magasin ou site Internet).
3. Le passage de la commande (*on* ou *off line*).
4. La livraison du produit, son installation, ou la délivrance du service.
5. Le produit/service objet de l'achat.
6. Le processus de facturation.
7. La relation ou le service client.
8. La fréquence et la gestion des réclamations (SAV).

Selon l'activité de l'entreprise, le parcours client peut être plus large ou plus réduit.

Étude fidélité client

Il convient donc de bâtir un questionnaire qui reprend ces thèmes d'image et de satisfaction. Vous allez construire un échantillon représentatif de vos clients, avec le niveau de finesse attendu dans l'analyse. Vous allez ensuite réaliser le terrain d'enquête, selon le mode le plus propice à l'interrogation de vos clients (téléphone, Web, etc.). L'analyse des réponses vous permettra de repérer les points forts et les points faibles de chacun des thèmes, critères et items.

Les analyses statistiques

Lorsque vous voulez analyser deux grandes thématiques (l'image et la fidélité) et bien comprendre leurs interactions, le mieux est de recourir à des analyses statistiques bayésiennes.

Ce type d'analyse permet précisément de savoir ce qui « tire » le plus la fidélité, l'image ou bien l'expérience du consommateur, d'en mesurer l'équilibre et de comprendre les inters corrélations qui existent entre les thèmes et les critères qui les structurent.

Ces analyses permettent d'être plus « intelligent » dans la compréhension de la fidélité des consommateurs, en mettant en évidence les interactions entre les différents critères, car beaucoup de choses sont imbriquées.

Une modélisation de type bayésienne permet d'identifier les critères les plus importants et de repérer les 20 % de critères qui construisent 80 % de la fidélité des clients.

Conclusion

Les études montrent que le poids de l'image est plus important dans la grande consommation, et que la satisfaction est plus forte dans le business to business.

Mais ceci n'est pas une vérité absolue et doit être mesuré spécifiquement à chaque activité. Selon les métiers, la fidélité peut être construite plutôt sur l'expérience, et donc la satisfaction, ou plutôt sur l'image.

L'image de la marque est toujours le premier déclencheur : c'est elle qui attire et incite au premier achat. Mais si l'expérience est moins bonne que la promesse, le client ne risque pas de devenir fidèle.

Cet équilibre n'est pas facile à gérer : l'entreprise doit en permanence faire des promesses fortes pour attirer de nouveaux clients, avec le risque que cette communication génère de la déception chez les anciens, et donc de l'infidélité !

C'est la raison pour laquelle la qualité de service perçue, la satisfaction des clients et la fidélité « déclarée » doivent être suivis et mesurés régulièrement.

L'essentiel

- **En mesurant la fidélité client**, vous pouvez découvrir les types de clients, leur poids dans votre portefeuille et donner des chiffres à votre direction sur le risque que cela fait courir à votre entreprise.
- **Votre image de marque ou vos prix** ne sont pas suffisant pour garantir la fidélité de vos clients. Découvrez les motivations cachées, explorez le parcours client pour repérer les « irritants » qui peuvent vous nuire.
- **Mesure la fidélité**, c'est s'intéresser à la fois à la satisfaction (l'expérience) et à l'image (les croyances), c'est de l'équilibre subtil des deux que naît une réelle fidélité !

Avis d'expert

Sophie Valognes, responsable des études, Sodexo France

Après avoir travaillé pendant près de 15 ans en institut d'études, j'ai rejoint Sodexo en 2001 où je suis responsable du département études de l'activité « Services sur Site » de Sodexo en France.

Affaire familiale dans le ravitaillement maritime créée par Pierre Bellon en 1966 à Marseille, Sodexo est aujourd'hui le leader mondial des services de qualité de vie et propose à ses clients une offre de plus de 100 services tels que l'accueil, la restauration, la propreté, la maintenance technique des installations et matériels, la réinsertion des personnes détenues, les espaces verts...

Sodexo est le premier employeur privé français dans le monde, avec une représentation dans 80 pays, 420 000 collaborateurs et 32 milliards d'euros de CA.

Une entreprise centrée sur le client

Avec un taux de fidélisation clients de 95 %, la satisfaction des attentes clients et consommateurs est au cœur de nos priorités.

Les premières mesures de satisfaction ont été déployées au début des années 1990. Il s'agissait alors davantage d'enquêtes qualité que d'écoute clients. Ont suivi ensuite les mesures de satisfaction auprès de nos clients signataires.

Chez Sodexo, nous distinguons en effet deux types de mesures de satisfaction :

- les enquêtes clients ;
- les enquêtes consommateurs.

Ces enquêtes sont des outils intégrés à un dispositif complet d'écoute clients.

L'écoute clients

Nous nous appuyons sur des engagements pour développer des relations de partenariat durable avec nos clients, dès la signature ou le renouvellement de »

» contrats, au moment du démarrage de notre activité chez un client, puis tout au long de la relation. Cette démarche d'écoute clients ne se réduit pas à une enquête annuelle, elle a pour vocation de mobiliser toute l'entreprise, et s'appuie sur l'implication de tous chacun étant formé pour enrichir la relation client. Dans ce contexte, les enquêtes clients sont des outils clés. Elles sont réalisées une fois par an, en face à face, par téléphone, ou *on line* en fonction de la préférence du client, de son rôle, prescripteur, décideur, du mode d'appel au marché... Les résultats sont analysés individuellement avec, en cas d'insatisfaction prononcée, un retour immédiat aux responsables Sodexo. Les conclusions mettant très souvent en avant que le capital humain est un atout majeur, une force de Sodexo. Nous avons également mis en place un système de bravos déclenchés à partir des notes dans l'excellence, système qui apporte de la fierté aux équipes.

Ces enquêtes n'ont pas simplement pour objectif de décrire la relation, elles visent à comprendre, en dehors du schéma relationnel quotidien, les préoccupations majeures de nos clients. Il s'agit de nous aider à identifier les solutions possibles pour remédier aux insatisfactions.

Nos enquêtes consommateurs réalisées, en mode papier, à table, *on line* ou encore sur tablettes permettent de mesurer de manière régulière la satisfaction de nos convives et utilisateurs de nos services. Chaque typologie de client ou de consommateur bénéficie d'un dispositif *ad hoc* avec un mode de recueil adapté (ex : via des tablettes au chevet des patients ou auprès des enfants, avec des questionnaires intégrant des images, des smileys...). Nous travaillons également à la mise en place d'un système d'enquête à destination des personnes en situation de handicap.

Les questionnaires et guides d'entretien sont élaborés en fonction de chaque typologie et ne se limitent pas au seul indicateur de recommandation, le NPS, qui ne nous délivre pas suffisamment d'informations ; nous privilégions la collecte et l'analyse des verbatim.

Pour la majorité de nos enquêtes consommateurs, 10 centimes par questionnaire rempli sont versés en soutien de l'action des Restos du Cœur, dans le cadre d'un programme qui mobilise les équipes de Sodexo

Et demain ?

J'ignorais lors de ma prise de poste que je serai amenée à élaborer et mettre en œuvre des dispositifs d'écoute auprès des clients du Lido, des mamans dans les maternités, des touristes ayant fait une croisière sur les Bateaux Parisiens, de clients de la maison Lenôtre, des prestations d'énergie et de maintenance, sur la qualité de l'hébergement des personnels du ministère de la Défense à Balard ! Quel que soit le client ou le consommateur : l'enjeu consiste à nous assurer que nos études aident à la prise des meilleures décisions pour apporter de la valeur à nos clients.

Chapitre 7

La réclamation des clients

Executive summary

- **La réclamation**, c'est l'occasion de bien faire la deuxième fois ce qui ne l'a pas été la première fois. C'est une occasion et une chance de rattraper les clients avec un service de bon niveau.
- **Les enjeux commerciaux** liés au bon traitement des réclamations sont souvent supérieurs à l'objet même de la réclamation.
- **La plupart des clients** qui vous quittent le font le plus souvent après un incident mal géré (à 61 % au premier litige).
- **En gérant bien vos réclamations**, vous consolidez le fonds de commerce de votre entreprise.

Les clients se plaignent et cela ne va pas s'arrêter

Des chercheurs anglais ont constaté que pour un contact avec le service client d'une marque, il y a eu 64 échanges avec son entourage sur cette même marque. La prise de parole des clients mécontents est de plus en plus forte et ce pour trois raisons :

1. Parce que c'est de plus en plus facile :
- Le digital a rendu l'expression d'une plainte extrêmement libre, un tweet, une photo d'une mauvaise expérience sur Facebook et c'est des dizaines d'amis, des centaines d'amis d'amis, des milliers de personnes qui peuvent être touchées par le buzz.

2. Parce que l'expérience client s'améliore :
- Grâce à la pratique des meilleures entreprises, les clients reçoivent de plus en plus souvent une bonne qualité de service.
- Des marques comme Nespresso font monter le niveau : un bon produit, des attentions, de la considération.
- Et cette « bonne expérience avec les autres entreprises » rend encore plus énervante une mauvaise expérience isolée ou un mauvais traitement reçu de la part de la vôtre !
- En expérience client, votre concurrent n'est pas celui qui a une part de marché plus forte que vous ! Votre concurrent et la référence de vos clients, c'est Darty avec son service client, c'est Leroy Merlin avec son retour marchandise sans discussion.

3. Parce que les moyens mis dans les services clients ne sont pas à la hauteur des promesses.
- À quoi servent vos budgets publicitaires si votre expérience client est nulle et que le moindre retour client est sous-traité à un centre *offshore low-cost* ?
- « Sur-promesse et sous-service », cela semble être devenu le slogan de pas mal de marques !

Rendez aussi facile que possible la remontée des insatisfactions de vos clients avant qu'elles ne prennent de l'ampleur ! Si vos clients vont sur Twitter ou sur Facebook, c'est que vous n'avez pas su canaliser cette prise de parole et que vous ne faites pas assez preuve de considération. Les quatre grands moyens d'écouter vos clients et de limiter les réclamations sont :

1. Sur le Web : un fil Twitter, une page FaceBook, les deux visibles dans votre communication, avec un *community manager* qui s'en occupe.

2. Sur votre site Web :
- Un onglet avec un *feedback* permettant de vous dire ce qui se passe.
- Un lien avec le service client, du *click to chat*, du *call back*, ce ne sont pas les moyens qui manquent et l'inventivité des offreurs de solutions est rassurante !

3. Dans vos points de vente :
- Les deux outils sont les QR Codes et les tablettes.
- Les QR Codes peuvent être affichés dans certains endroits avec un message d'invitation à s'exprimer. Vos clients pourront vous dire en point de vente ce qu'ils ont sur le cœur.
- Les tablettes placées à quelques endroits stratégiques permettront d'évaluer la qualité de l'expérience client et de repérer les jours et les lieux où la satisfaction client n'est pas au beau fixe.

4. Les études de satisfaction :
- À chaud sur événement.
- À froid auprès d'un échantillon représentatif.

Et n'oubliez pas que les clients insatisfaits qui ont eu une réponse positive deviennent les plus forts défenseurs de la marque. « Transformez les pépins en pépites » comme le dit si bien l'AMARC (Association pour la Management de la Réclamation).

Le vrai « *torture test* » pour une marque, ce n'est pas seulement une bonne expérience client tous les jours, c'est la façon dont elle réagit lorsqu'une seule chose va mal !

Réclamations : les 7 attentes des clients

Une étude réalisée en 2013 par « l'Arizona State University » montre quelles sont les attentes des clients face à l'expression d'une réclamation :

Être traité avec dignité	94 %
Que cela ne se reproduise plus	84 %
Le produit réparé ou le service rendu	81 %
Une explication ou la raison du problème	81 %
Un merci en tant que client	80 %
Des excuses	76 %
Du langage courant (pas de jardon ou de script)	76 %

Posez-vous la question des moyens et process que vous avez mis en place dans votre entreprise pour vous assurer que vous respectez bien ses 7 engagements…

Tous vos clients vous auront quittés à la seconde réclamation mal gérée

Nous avons mené une étude en B to B auprès d'un échantillon de responsables d'entreprises afin de hiérarchiser les raisons pour lesquelles on a envie de quitter un fournisseur.

Nous sentons tous confusément que les clients nous pardonneront une erreur mais que l'accumulation des problèmes va finir par les insupporter.

	Envie de changer de fournisseur	Si cela arrive...		
		Une fois	Plusieurs fois	Coefficient
Motif	Litige mal résolu	61 %	96 %	1,6
	Qualité produit	43 %	94 %	2,2
	Problème relationnel	35 %	77 %	2,2
	Retard (livraison/traitement)	23 %	86 %	3,7

L'objectif de cette étude était donc de mieux comprendre l'effet cumulatif des incidents sur l'infidélité des clients, selon leur nature.

Conclusion : les deux-tiers des clients ont envie de vous quitter lors d'un premier litige non résolu. Ils seront 96 % à envisager de passer à l'acte au second problème.

- *Vos clients infidèles, c'est vous qui les poussez, ils ne partent pas tout seuls !*

Les autres sujets sont moins éliminatoires la première fois, mais le cumul rendra les choses insupportables :

- Un premier problème de qualité produit : vous risquez de perdre 43 % de vos clients.
- Plusieurs problèmes ? Ils seront deux fois plus nombreux avec 94 % d'envie de départ.
- Les problèmes relationnels sont moins « décapants » au premier accroc puisque qu'un tiers des clients vous quitterait bien lors du premier accroc et 77 % après plusieurs.
- Les retards de livraison sont les choses que l'on « supporte » le mieux : 23 % des clients vous quitteraient après un seul incident. Mais ils seront près de 4 fois plus après plusieurs retards !

On ne parle ici que de l'envie d'infidélité liée à un seul incident. Il est évident que cette envie se transforme de manière exponentielle si vous cumulez plusieurs types d'incidents en les répétant régulièrement. Vous serez alors certains de faire le vide autour de vous...

Ce n'est pas ce que vous voulez ? Alors, qu'avez-vous mis en place concrètement pour éviter l'effet cumulatif des incidents clients ?

L'iceberg des insatisfactions client

L'insatisfaction des clients est comme un iceberg : vous n'en voyez qu'une petite partie ; immergé, le gros est invisible, en dessous de votre ligne de flottaison. Il y a plein de raisons pour que les clients ne vous disent rien et souvent quand ils s'expriment c'est oralement auprès de « quelqu'un »... à vous de trouver lequel ! Les traces écrites que vous recevrez seront infimes par rapport aux sujets de mécontentements que peuvent avoir vos clients au quotidien avec : vos produits, vos services, vos collaborateurs, les livreurs, les factures et toutes les raisons qui font que les choses ne se déroulent pas « parfaitement ».

Nous avons réalisé une étude pour savoir pourquoi les clients ne se plaignaient pas. Une des premières raisons très humaine est qu'il leur souvent plus facile de se taire et d'aller voir un de vos concurrents plutôt que d'argumenter face à un collaborateur de votre entreprise.

Parfois, le client insatisfait ne dit mot... Treize facteurs influencent en fait le silence ou la prise de parole de vos clients, certains dépendent de vous, d'autres d'eux[1]. Citons par exemple les cinq premiers critères :

- L'objet de l'insatisfaction est « humain » = silence : je ne peux pas me plaindre auprès d'une personne qui est éventuellement l'objet du problème ou, en me plaignant je risque de nuire à quelqu'un...
- L'insatisfaction est « cumulée » = silence : au bout d'un certain temps je change de fournisseur, l'histoire serait trop longue à raconter...
- La décision d'achat du produit service est individuelle = silence : je n'ai de compte à rendre à personne pour décider d'aller voir ailleurs...
- Le coût du changement est faible = silence : il me suffit de traverser la route pour aller dans un autre point de vente ou de décrocher mon téléphone pour faire venir un autre prestataire...

1 Si vous voulez estimer « la taille de votre iceberg », faites le test présent sur le site Init-Marketing. En moins de 5 minutes vous saurez quel pourcentage de clients insatisfaits vous quitte dans le plus grand silence...

- Le produit est peu impliquant = silence : le faible intérêt que j'y porte ne mérite pas que je ne fatigue à me plaindre.

Quel chiffre d'affaires représentent vos clients ayant émis une réclamation ?

Les études de satisfaction client posent souvent deux questions :

- Avez-vous eu l'occasion de nous faire part d'une réclamation au cours des derniers mois ?
- Êtes-vous satisfait de la qualité de réponse donnée à votre réclamation ?

Nous ne nous intéressons ici qu'à la réponse de la première question, en croisant les résultats des clients « avec et sans » réclamation avec deux informations :

- Le chiffre d'affaires de chaque groupe ;
- la satisfaction globale de chaque groupe (note de cœur).

Nous avons donc pris en compte le chiffre d'affaires réalisé avec chaque client ayant été interrogé afin d'aller au-delà des simples % de réponses. La conclusion est sans appel :

- 1,4 fois plus de chiffre d'affaires pour les clients avec réclamation !
- 27 % d'écart de taux de satisfaction global entre ceux qui ont fait une réclamation et les autres !

Pensez-y lors de la réalisation de votre prochaine étude de satisfaction clients et mettez des chiffres qui vous permettront d'extrapoler vos résultats avec des données économiques. En parlant avec du chiffre d'affaires et des enjeux économiques, vos études de satisfaction client vont intéresser votre comité de direction ! Le détail des chiffres est publié ci-dessous.

Comparaison des taux avec et sans réclamation

%	**AVEC**	**SANS**	**Écart**
de clients	38 %	62 %	
du CA	53 %	47 %	
de Satisfaction	46 %	73 %	**- 27 %**

Avec réclamation :

- 38 % des clients ont émis une réclamation (tous modes confondus : oral – mail – téléphone – courrier).
- Ces clients représentent 53 % du chiffre d'affaires de l'entreprise.
- Le taux de satisfaction global de ce groupe est de 46 %.

Sans réclamation :

- 62 % de clients n'ayant PAS émis de réclamation.
- Le chiffre d'affaires de ce groupe ne représente que 47 % de l'activité.
- Leur taux de satisfaction est de 73 %.

Il y a un écart de 27 % de satisfaction globale entre ceux qui ont fait part d'un problème et ceux qui n'en ont pas rencontré !

Pourquoi (certains) clients insatisfaits restent fidèles et silencieux ?

Cette question est une vraie interrogation pour tout responsable d'entreprise et particulièrement pour les responsables des services clients ou réclamations. Ces services sont en relation quotidienne avec des clients plutôt mécontents et qui s'expriment. Comment, il existerait donc des insatisfaits que l'on n'entend pas ?

Les clients insatisfaits qui veulent s'exprimer ont des dizaines de possibilités, tant via les réseaux sociaux que les sites d'avis consommateurs. À l'ère du Web 2.0, la réponse au titre de cet article se trouve dans un livre écrit en 1970 par Albert Hirschman, *Exit, Voice, and Loyalty : Responses to Decline in Firms, Organizations, and States.* Hirschman montre que lorsqu'ils sont insatisfaits (des entreprises ou des institutions), les individus ont à leur disposition trois choix :

- *Exit* : la réaction silencieuse : un consommateur insatisfait peut changer tout simplement de marque, de produit. Un électeur peut voter pour l'opposition ou quitter son pays (l'exil fiscal en est une preuve).
- *Voice* : la protestation par une prise de parole contre les mauvaises performances de l'entreprise ou de l'organisation concernée (réclamation, boycott, pétition, manifestation, etc.).
- *Loyalty* : par le renoncement à l'action : le consommateur décide de rester fidèle à la marque ou l'organisation. Il s'agit d'une fidélité passive que nous appelons « inertie » en marketing clients et pas d'une fidélité « d'attachement ».

Je me suis intéressé au groupe des « insatisfaits, fidèles et silencieux. » Hirschman montre que 4 types d'individus et de motivations différentes y sont présents :

- « C'est pareil ailleurs » : ces clients restent et ne s'expriment pas par défaitisme et manque de confiance dans les offres et les promesses des autres entreprises.
- « C'est encore pire ailleurs » : ces clients sont encore plus défaitistes que le groupe précédent et ne voient aucune raison de changer ou de s'exprimer publiquement en risquant à leur yeux une encore plus grande déconvenue. J'ai l'impression que les clients de la téléphonie mobile appartiennent tous à ce groupe.
- « J'attends les plaintes des autres » : ces clients comptent sur la prise de parole des autres clients pour que l'entreprise prenne en compte leurs griefs et leur insatisfaction non exprimés.
- « J'attends le départ des autres » : ce groupe est plus négatif et plus radical que le précédent. Il compte sur l'infidélité et le départ des clients insatisfaits pour espérer un changement, ce qui ne paraît pas une bonne stratégie ; les entreprises en déclin ne sont pas celles qui savent (ou qui peuvent) se remettre en question...

Cette typologie nous confirme donc que la fidélité des clients insatisfaits « silencieux par inertie » ne repose pas sur une dynamique favorable au développement des affaires et à l'image de marque.

Et chez vous est-ce que vos études marketing vous donnent la proportion de clients fidèles et infidèles :

- avec la connaissance de leur taux prise de parole (votre image et votre réputation en dépendent) ;
- ou les raisons de leur mutisme (votre développement commercial en dépend) ?

L'essentiel

▶▶ **Le digital a multiplié l'impact d'une réclamation mal gérée ; l'effet buzz qui peut en découler va détruire vos efforts dans votre volonté de bien faire. Ne donnez pas une occasion de vous nuire !**

▶▶ **Multipliez tous les outils d'écoute clients possibles. L'adresse postale et le N° de téléphone ne sont plus suffisant, à l'ère d'Internet, de Facebook et de Twitter, le courrier en recommandé est mort !**

- **Ce que vous voyez comme réclamation** (lettre, mail) n'est qu'une petite partie de ce qui se passe, de ce qui se dit, de ce qui se partage sans vous. Si vous ne vous en donnez pas les moyens, la majorité des réclamations n'arrivera jamais à vos oreilles !
- **Cherchez à valoriser** le chiffre d'affaires que représentent les clients avec réclamation, votre comité de direction s'intéressera alors vraiment au sujet !

Avis d'expert

Marie-France Delachaux, responsable marketing franchise, Dessange International.

Dessange International est un groupe qui a deux activités principales :

- la franchise de coiffure avec plus de 1 800 salons à travers les marques Dessange, Camille Albane et Fantastic Sam's ;
- la production et la distribution de produits capillaires.

Dessange, en tant que marque de luxe sur le marché de la coiffure, s'est toujours mis au service de la beauté de ses clientes et a toujours eu à cœur de les satisfaire à chacune des étapes de leur visite.

Mon point de vue d'expert

Les salons sont conçus de manière à leur conférer un maximum de confort et de bien-être, durant presque deux heures en moyenne, une femme prendra soin de ses cheveux, de ses ongles mais aussi de sa peau grâce à des collaborateurs experts dans leur métier (manager, hôtesse d'accueil, coiffeur, coloriste, conseillère beauté, esthéticienne, assistant).
Les modes de consommation ont changé : les produits et les services sont à la disposition de tous, tout le temps et en quantité infinie ; le consommateur est fiché et enregistré dans le Big Data ; le marché du luxe n'impose plus la froideur et l'impersonnel, les dimensions ostentatoires ou les prix excessifs ; la concurrence est dure et le consommateur se raréfie et devient de plus en plus précieux. Ainsi, avant 2008, les Français allaient en moyenne 6 fois par an chez leur coiffeur, aujourd'hui cette fréquence est passée à moins de 4,5 fois par an.
Face à une offre standardisée, le consommateur a besoin d'une offre plus personnalisée, de produits moins singuliers et il souhaite plus que tout vivre une expérience unique. Une femme ne doit plus uniquement venir chez Dessange pour une prestation de coiffure, elle doit pousser la porte d'un lieu unique où on la reconnaîtra, où on l'accompagnera tout au long de son parcours de beauté en la surprenant quelque soit le temps et l'argent qu'elle y dépensera.
Dessange a décidé ainsi « d'enchanter » ses clientes et donc de ré-enchanter l'expérience de consommation vécue dans ses salons de beauté. Sensibiliser ses franchisés, former ses managers, recruter les bons collaborateurs, les préparer à ce nouveau monde de consommation a été, et est toujours, un point essentiel.
»

» Consommer de la coiffure, c'est avant tout consommer un ou plusieurs services, autrement dit vivre une relation humaine avec des experts formés non seulement à leur métier mais aussi à la relation client dans sa définition la plus pure : connaître sa cliente, anticiper ses désirs, développer des qualités d'empathie et de bienveillance afin de pouvoir prodiguer toutes les attentions nécessaires à une visite réussie.
N'oublions pas, dans ce monde digitalisé et ce nouveau mode de consommation souvent de plus en plus déshumanisé, que le client est toujours aussi sensible au sourire, aux attentions particulières et à tous ces petits détails qui font la différence.

Chapitre 8

Étude de satisfaction client et quoi d'autre ?

Executive summary

- **Les démarches d'amélioration** de la qualité et de la satisfaction ne reposent pas que sur des études auprès des clients. Les études miroir menées auprès des collaborateurs sont un bon moyen d'impliquer l'interne dans la vision de la qualité perçue et dans la recherche de son amélioration.
- **L'engagement de tous** doit être également intégré à la démarche et de nombreuses idées peuvent être utilisées pour favoriser la communication autour du projet, la créativité interservices et l'interconnexion au-delà des silos d'organisation traditionnels.
- **Les difficultés** liées au passage de l'étude à l'action est un sujet sans cesse renouvelé. « Mesurer, partager et agir » tel doit être votre crédo.
- **Le NPS** est un nouvel outil apparu il y a quelques années et qui est devenu un incontournable dans les démarches d'écoute client. Il met en avant le fait que les clients ont un pouvoir de prescription qui dépasse leur seul chiffre d'affaires.

L'implication des collaborateurs

Repérez rapidement ce que vos collaborateurs sous-estiment et surestiment via une enquête satisfaction miroir !

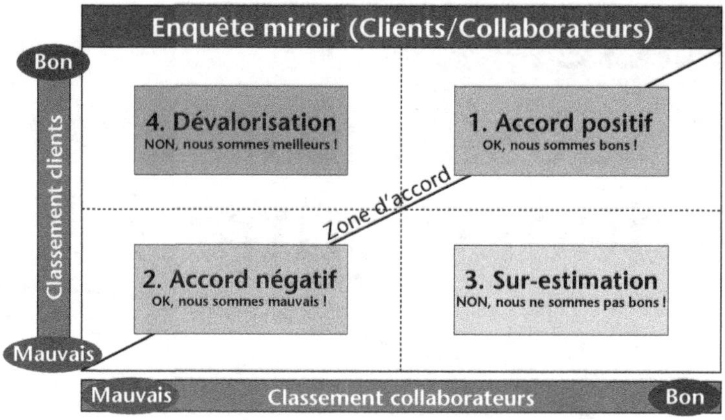

Figure 8.1 – Enquête miroir

Qu'est-ce qu'une enquête miroir clients ?

C'est une enquête :

- menée auprès des collaborateurs ;
- qui leur demande d'estimer le niveau de satisfaction des clients ;
- sur la base du même questionnaire que celui soumis aux clients.

Cette enquête miroir vient en complément de l'étude de satisfaction réalisée auprès de vos clients.

Elle se déroule en 3 temps :

- Vos clients répondent à une enquête de satisfaction.
- Vos collaborateurs répondent à la même enquête en estimant les réponses de leurs clients.
- On compare les opinions des clients et celles des collaborateurs

Quel est l'intérêt de réaliser une enquête miroir ?

C'est un outil opérationnel puissant en termes de management du changement car il permet de visualiser sur un seul tableau les zones d'accords ou de désaccords entre l'interne et les clients :

- P : accord positif (nous sommes bons et nous nous en doutions).
- N : accord négatif (nous sommes mauvais et nous nous en doutions).
- S : sur-estimation (nous sommes moins bons que nous le pensions).
- D : dévalorisation (nous sommes meilleurs que nous le pensions).

L'enquête miroir permet de mettre en phase l'opinion des équipes et celles des clients et de faire cesser les rumeurs à la machine à café... Ne confondez pas avec une enquête « qualité de vie au travail » qui est une enquête de satisfaction menée auprès des collaborateurs...

Communication autour des programmes d'écoute et de satisfaction client

Une fois que votre étude est terminée, la vie ne s'arrête pas et c'est même là que tout commence !

Voilà quelques idées pour prolonger la réalisation de votre étude de satisfaction par quelques éléments de communication et de cohésion interne :

- Une charte graphique autour du projet (un logo, un personnage, une infographie) qui permet de faire passer le projet « Culture Client/*Customer Centric* » à l'ensemble des équipes et de le faire vivre tout au long de l'année (ex : Cegid Customer Power).
- L'animation de groupes créatifs qui réunissent les services Marketing + Com + Qualité + Réseau, « Tous unis dans le projet client ! ». Avant et après l'étude.
- Convention nationale : présence d'un consultant du cabinet qui a réalisé l'étude autour de deux thèmes :
  - les enjeux de la satisfaction client pour les entreprises (conférence de 15 à 30 minutes) ;
  - présentation de la démarche et des principaux résultats (15 à 30 min) ;
  - enregistrement de l'intervention en format vidéo en vue de communication interne dans les médias internes (Intranet, blog, news).
- Formation de formateurs (ceux qui devront « vendre » le projet en interne auprès des équipes et des régions) :
  - présenter le projet ;
  - lire ses résultats ;
  - répondre aux questions ;
  - décider de ses actions.
- Un tutorial vidéo :
  - petit film vidéo avec animations, graphiques et présentation du projet enregistré par le consultant en charge du projet et quelqu'un de votre équipe ;

- présentation du projet (comment ça marche, à quoi ça sert, principaux résultats) ;
- ce tutorial peut être inséré dans le programme « Accueil et formation des nouveaux collaborateurs » et faire partie du programme de formation de tous, comme l'a fait VVF Villages Vacances.

Satisfaction client : de l'étude à l'action !

Je reprends ci-après le texte d'une interview réalisée par Thierry Semblat dans sa revue *Research Magazine News* sur une thématique intéressante ; la mise en place des plans d'actions après la réalisation de son étude de satisfaction.

Trouver le juste l'équilibre entre le vrai et l'utile... Et si le juste équilibre entre la vérité (et la rigueur associée aux études marketing) et l'utile (l'orientation « pour action ») était la pierre philosophale sur laquelle bâtir les dispositifs associés à l'enjeu de la satisfaction-client ?

Market Research News : Vous comptez parmi les spécialistes les plus écoutés sur les problématiques de satisfaction client. Pourquoi d'après vous la question de l'opérationnalité des études de satisfaction continue-t-elle à être si régulièrement posée par les entreprises ?

Christian Barbaray : Au fond, cette question est celle du lien entre la connaissance et l'action, qui pourrait être un vrai sujet pour l'épreuve de philosophie ! C'est le problème de la distinction entre le vrai et l'utile. Pour mener à l'action, l'étude doit d'abord et avant tout susciter des décisions. C'est la première condition, la deuxième étant naturellement que les décisions soient appliquées et se transforment effectivement en action. Mais je pense qu'il est indispensable de s'intéresser aux différentes parties prenantes dans l'entreprise et aux niveaux que cela recouvre, de la direction générale jusqu'aux équipes opérationnelles.

Quelles sont donc les conditions à réunir au niveau de la direction générale pour faciliter ce lien entre la connaissance et l'action ?

Vous connaissez mon attachement à cette phrase que je répète souvent : « *People do what the boss "inspect" not what the boss "expect" !* » C'est une phrase que je crois importante, parce qu'elle résume cet enjeu déterminant qui est la capacité des décideurs à insuffler une réelle « culture client » au sein de leurs entreprises. En d'autres termes, si les dirigeants n'ont pas la volonté de transmettre cette culture, de définir des objectifs, de communiquer, de manager et de challenger les équipes autour de ces enjeux de satisfaction, alors il ne se passera rien.

Cette implication de la direction générale est donc une condition essentielle...

Absolument. Pour ce qui est du niveau intermédiaire, je pense qu'il y a lieu de faire une distinction selon la nature des services. Pour les ressources humaines ou pour la direction qualité par exemple, il est important qu'il y ait là aussi une réelle implication, une réelle volonté de jouer le jeu, ces services étant clés dans l'application des décisions, ne serait-ce que dans la politique de recrutement ou de formation par exemple. Pour la direction marketing, la question ne se pose pas tant sur le niveau d'implication, que sur la forme de celle-ci.

La direction marketing peut être impliquée, mais pour autant ne pas bien jouer son rôle ? Qu'entendez-vous par là ?

Je pense à un point qui concerne très directement les équipes en charge des études et à l'obsession de certaines quant à la « qualité scientifique » des mesures. Cette préoccupation de la rigueur et de la fiabilité des études est nécessaire. Mais je pense réellement qu'il importe de savoir mettre la barre au bon niveau. Au fond, c'est bien la question de trouver ce juste équilibre entre le « vrai » et « l'utile ». Si l'on s'enferme dans une rigueur trop excessive en étant complètement obsédé par les intervalles de confiance, on en arrive très vite à des situations où, paradoxalement, on n'en sait jamais assez pour pouvoir prendre des décisions. Je pense que c'est réellement un piège à éviter pour les équipes marketing, en particulier lorsqu'il y a une très forte culture scientifique.

Reste ce que j'imagine être le troisième niveau, celui des équipes opérationnelles...

En effet. Là encore, si les opérationnels ne jouent pas le jeu, les études pourront être les meilleures du monde, les décisions des dirigeants les plus pertinentes qui soient, il ne se passera rien ! Il faut définir les bonnes modalités en termes de management, en intégrant par exemple un intéressement des équipes sur les résultats et mettre en œuvre la bonne communication.

Quelles vous semblent être les options importantes à prendre sur ces aspects de communication, ou les pièges à éviter ?

Un impératif majeur consiste à adapter la communication sur ces enjeux en fonction des publics. On doit parler différemment à une direction générale et aux équipes terrain. Et l'on doit définir les bons indicateurs, la pire erreur à mon sens étant d'utiliser le % ou taux global de clients satisfaits pour manager les équipes. L'usage de scores me semble infiniment plus recommandé dans une perspective de management. Cela nécessite un peu de travail de pédagogie, mais c'est un très bon investissement dans la durée !

Quelles sont les recommandations que vous feriez dans la communication spécifiquement orientée vers la direction générale de l'entreprise ?

Je crois qu'il est extrêmement important de rapprocher les résultats des études de satisfaction avec les enjeux économiques de l'entreprise. Dire que le risque de perte pour l'entreprise est de X millions d'euros, parce que c'est le poids des clients insatisfaits dans le chiffre d'affaires, c'est infiniment plus mobilisateur que de signaler une baisse de 2 points d'un indicateur de satisfaction global !

Et pour les équipes opérationnelles ?

Il faut mobiliser les gens sur des objectifs clairs, à la fois réalistes et challenging. Et mettre les moyens qu'il faut pour marketer ce que fait l'entreprise sur les enjeux de satisfaction client, avec un petit plan de communication interne, un blog, ou en tout cas des points de rendez-vous pour les collaborateurs de l'entreprises.

Vous avez commencé à l'évoquer, en parallèle des études de satisfaction classique, on assiste à un fort développement des pratiques de type «* feedback *management ». Comment voyez-vous l'articulation entre ces différents systèmes ?

En réalité, je crois qu'il y a trois métiers. L'étude, l'avis, et l'écoute. L'étude est notre activité historique, avec des enquêtes dites « à froid » et avec une forte exigence de représentativité des échantillons. Lorsqu'on est dans le domaine de l'écoute ou du *feedback*, on ne vise pas la représentativité, mais la réactivité ; la posture étant d'être dans une écoute permanente du client pour pouvoir agir, et lui répondre en particulier si son expérience est négative, individuellement.

J'entends qu'il y a une complémentarité entre étude et* feedback *management, mais avec quels termes définiriez-vous celle-ci ?

Je crois vraiment en effet que les entreprises ont besoin de ce double dispositif. Elles ont besoin d'un système « non-scientifique » d'écoute et de *feedback* management, pour faire de la qualité et être engagées dans une dynamique d'amélioration permanente. Mais ces éclairages ont une limite : ils donnent une vision morcelée de l'expérience client, alors que l'entreprise a besoin d'avoir une vision d'ensemble. D'où la nécessité de mettre en œuvre, au moins de temps en temps, des dispositifs plus conséquents qui permettent de bien appréhender les interactions entre les différents « moments » de la vie du client et de son expérience, et de mesurer l'importance relative de ces grandes composantes.

Mais vous avez raison d'insister sur la question de cette complémentarité. Cela oblige à réaliser des études moins fréquemment, mais plus conséquentes, qui fassent le tour de l'expérience client avec peu de questions pour chaque aspect, dans une perspective qui est donc à la fois « macro » et holistique. ■

Avis d'expert

Frédérique Chalony, responsable qualité et RSE, Mutex

Mutex est une société à capitaux mutualistes qui opère principalement sur la prévoyance (assurances décès, obsèques...), l'épargne et la retraite. Mutex protège plus d'un million de personnes, grâce à 500 000 contrats individuels et 200 000 contrats collectifs. Ses produits sont distribués par une centaine de mutuelles qui constituent un réseau de proximité de plus de 600 agences.

Mon point de vue d'expert

Mutex n'est pas en contact direct avec ses clients finaux (à l'exception des très grands comptes) car ses produits d'assurance sont commercialisés par des mutuelles partenaires. Ce sont généralement les mutuelles qui sont en contact avec les souscripteurs et Mutex a plutôt un rôle de « back-office ». Nos clients sont donc en premier lieu les mutuelles distributrices, c'est pourquoi nous suivons leur satisfaction depuis 10 ans sous forme de baromètre.

En 2012, à la création de la SA Mutex, la direction a voulu mieux prendre en compte les attentes des mutuelles et m'a demandé d'aller plus loin dans l'exploitation du baromètre. Avec mon *background* études je me suis plongée avec joie dans l'enquête ; j'ai décortiqué les chiffres, posé des questions, demandé des tris complémentaires, réfléchi longuement avec mon interlocutrice d'INIT... Je crois bien que je l'ai un peu poussée à bout ! Grâce à ce diagnostic, la direction a déployé un vrai plan d'actions d'amélioration à partir de 2013. Les efforts ont porté leurs fruits car la satisfaction de nos interlocuteurs a gagné un point en deux ans !

Petit à petit, Mutex se dote d'outils d'écoute renforcés : mesure de la satisfaction des clients finaux et de partenaires, études de marché, benchmarks... Les collaborateurs entendent de plus en plus parler des clients et de leurs attentes.

À un niveau plus global, un axe « orientation client » a été intégré dans le plan stratégique 2015-2017. Il sera assorti d'objectifs de progrès sur la satisfaction des mutuelles car nous devons leur offrir un service irréprochable pour qu'elles puissent contribuer au développement commercial attendu.

En parallèle, nous progressons sur la connaissance et l'optimisation du parcours client. Depuis plusieurs mois, nous avons lancé des projets ambitieux de digitalisation de notre activité (dématérialisation des informations échangées avec nos clients, services digitaux qui permettent à nos clients de gérer leur contrat et leurs prestations de manière autonome, souscription multicanale).

Une anecdote qui montre l'orientation client chez Mutex : un jour notre directeur général a demandé qu'on se mette plus à la place du client pour répondre aux réclamations : « Imaginez que vous répondez à ma grand-mère, elle ne comprendra aucun terme technique, mettez-vous à sa portée. Et dites-vous que pour elle le délai commence quand elle poste la lettre et s'arrête quand elle reçoit la réponse. Les jours "ouvrés", ma grand-mère ne connaît pas ! ». Depuis, la grand-mère de notre directeur général est devenue une icône chez Mutex. C'est notre « Madame Michu » !

Recommandations (et NPS)

Le Net Promoter Score

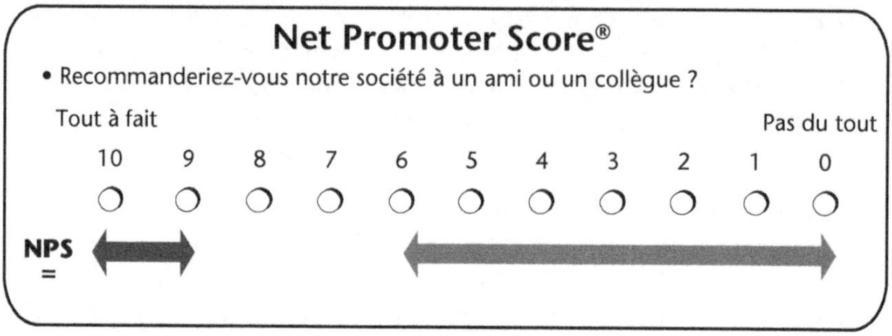

La question décisive

Pour calculer le NPS, on pose la question suivante : « En utilisant une échelle de 1 à 10 où 1 = Pas du tout et 10 = tout à fait, recommanderiez-vous notre entreprise à vos amis ou à vos collègues de travail ? ». Les clients notant 9 ou 10 sont considérés comme « promoteurs », ceux attribuant 1 à 6 sont « détracteurs », et la différence entre le pourcentage des promoteurs et celui des détracteurs constitue le NPS ou *Net Promoter Score*.

Figure 8.2 – Le NPS

Le NPS, ou *Net Promoter Score*, consiste à poser une question de recommandation sur une échelle en base 10. Le NPS est obtenu en ôtant les % de réponse de 9 et plus de celui des 6 et moins.

- Le 9 et plus sont considérés comme « promoteurs ».
- Les 6 et moins comme « détracteurs ».
- Les 7 et 8 comme « neutres ».

La soustraction vous donne le solde net de vos promoteurs.

Analyse critique (et bienveillante) du NPS

Le NPS[1] est dû à Frederick F. Reichheld, consultant et auteur qui a écrit deux livres clés dans notre discipline :

- *L'effet loyauté*, qui est un livre de chercheur, très documenté, basé sur des années d'études qui démontre, chiffres à l'appui l'impact économie de la fidélité des clients et qui est pour moi « la bible » des travaux sur l'économie de la fidélité et un de mes livres de chevet.
- *La question ultime*, qui repose sur une question de recommandation dont est tiré le NPS. Ce livre est tout le contraire du précédent, c'est

1 NPS est la marque déposée de Bain & Cie.

un livre de consultant, affirmatif et peu documenté. C'est un très bon coup marketing !

Cette question ultime repose sur la seule question de recommandation, posée sur une échelle en base 10. Vous soustrayez les réponses 9 et 10 des réponses de 6 et moins et vous avez votre NPS ou « solde net des promoteurs » en français. Voilà c'est tout : tout le reste ne sert à rien (c'est le titre du livre...). Le NPS a fait son succès sur :

1. Sa simplicité extrême :

- Le problème des résultats des études de satisfaction est que ce ça ne bouge pas !
- Le « taux de satisfaction » publié étant une « addition », ils ne bougent presque jamais. Exemple : 20 % de « très » satisfaits, plus 60 % de « plutôt » satisfaits, cela fait 80 % de clients satisfaits. Mais 60 % de « très » satisfaits plus 20 % de « plutôt » satisfaits, cela fait toujours 80 % de clients satisfaits. Les proportions se sont inversées mais le total est toujours le même !
- Une soustraction bouge plus qu'une addition !
- Les dirigeants d'entreprises vont pouvoir, avec un seul chiffre, le résultat d'une simple soustraction, manager toutes leurs unités tous les trimestres, c'est devenu le KPI unique !

2. Le NPS ne parle pas de qualité mais de « publicité » :

- La qualité embête un peu tout le monde dans l'entreprise et les dirigeants en particuliers.
- La qualité, ce sont des normes, des process, du contrôle, elle tourné vers l'interne, c'est ennuyeux...
- Le NPS et la recommandation sont de la publicité, du bouche à oreille, des clients qui vont devenir nos commerciaux, ils sont tournés vers l'externe, c'est dynamique et rigolo !
- Les pouvoirs de la communication étant supérieurs à ceux de la qualité, le NPS va évoluer sur un meilleur terrain !

3. Son très bon marketing :

- Lorsqu'il a publié son second livre, Frederick F. Reichheld étant un consultant connu et reconnu. Ce livre a été publié avec l'autorité de Bain & Cie que Reichheld avait rejoint.
- La célébrité d'un chercheur ajoutée à la puissance de feu d'un des plus gros cabinets de consultants mondiaux, et la machine était lancée.
- Les deux points précédents (simplicité + publicité), la grosse machine marketing, des articles dans la *Harvard Busines Revue*, des conférences dans le monde entier, des contrats avec des grandes compagnies, le

mimétisme des dirigeants, ont donné à cette simple soustraction une puissance équivalente à la formule d'Albert Einstein $E = MC^2$!

Les patrons aiment le NPS pour toutes ces raisons, les opérationnels en entreprises un peu moins (direction marketing et des études). Les reproches qui lui sont parfois faits sont les suivants :

- Il bouge de manière hiératique (de plus 30 à moins 30) sans trop d'explication... C'est l'effet pervers de la soustraction.
- Ses mouvements sont de bonnes occasions de prises de pouvoir et d'autorité de la part des managers (trouvez-moi une explication, bougez-vous !).
- Ces mouvements sont parfois en contradiction avec les autres indicateurs (satisfaction, scores, taux de réachat ou de recommandation).
- L'échelle est très américaine en base 10 avec la prise en compte des 9 et 10. La France et l'Europe ne donnent pas la même proportion de notes hautes et donnent peu de 10...
- Il n'est pas facile à expliquer aux opérationnels... Le patron du magasin qui est passé de moins 32 à moins 22 ne se réjouit pas de ce progrès !

Ma conclusion rejoint celle de nombreux autres experts qui ont analysé le NPS : non, le NPS n'est pas « la question unique et ultime ».

Frederick F. Reichheld (1952)

Frederick F. Reichheld est américain, auteur de nombreux ouvrages et connu pour ses écrits sur le marketing de fidélisation. Il est le père du NPS.

Il a publié trois livres qui ont modifié la vision de la fidélité des clients par les dirigeants : *L'effet loyauté* (1996), *Règles de fidélité* (2001) et *La question décisive : recommanderiez-vous cette entreprise à vos amis ?*

C'est un expert mondialement reconnu pour ses travaux et ses démonstrations de l'impact économique de la loyauté. Ce sujet est l'objet de son premier livre, passionnant pour les spécialistes du marketing client, plutôt facile et agréable à lire, mais très concentré sur le monde de l'assurance.

Il a rejoint Bain & Company en 1997 et on dit que Bain l'a recruté à prix d'or en pressentant le potentiel de business et de consulting lié aux activités de conseil en fidélisation auprès des états-majors des grandes compagnies. Dans ce sens, Bain a fait un très bon investissement dans la marque et l'homme « Frederick F. Reichheld »

La revue *The Economist Magazine* l'a surnommé « le grand prêtre du culte de fidélité » en 2001. En 2003, *Conseil Magazine* l'a nommé dans le top 25 des meilleurs consultants du monde.

Son plus récent ouvrage, *The Ultimate Question*, a été co-écrit avec un de ses collaborateurs de Bain & Company, Rob Markey. Cet ouvrage se concentre sur le *Net*

Promoter Score (NPS), un concept qu'il a développé sur la base de ses recherches dans la fidélisation client. Le NPS est devenu en quelques années outil à la mode et un standard dans les outils de mesure de la satisfaction et de la fidélité.
Il est très apprécié par les dirigeants pour son apparente facilité, mais tenu à distance par les universitaires, les chercheurs et pas mal de praticiens (en entreprises comme en instituts d'études) pour les mêmes raisons...

Transformez votre NPS en buzz et e-réputation !

La force (et la faiblesse) du NPS est qu'il vous donne un simple score qui oscille entre - 50 et + 50 dans la plupart des cas, selon la soustraction entre le % de clients qui vous recommandent et les autres... Un score de - 30 n'est donc pas facile à expliquer aux opérationnels et, quand vous êtes passé de 25 à 32 cela ne leur parle pas beaucoup plus (à vous non plus d'ailleurs...).

Je propose donc de passer du NPS au Buzz, en procédant de la façon suivante : il faut traduire le NPS en chiffres concrets et dire : si vous avez un NPS de - 30 cela veut dire que « pour 100 clients, 350 personnes auront entendu dire du mal de votre société ! ».

1. Concrètement :
- Traduire le NPS en « effet bouche à oreille ».
- Montrer à chaque unité l'impact de sa qualité de service et de la satisfaction clients dans sa réputation au niveau local.
- Mettre en évidence le solde « positif » ou « négatif » de l'effet bouche à oreille en nombre de personnes.
2. Principe de calcul :
- Un client promoteur nous recommande à 5 personnes.
- Un client détracteur nous discrédite auprès de 10 personnes.
- Quel est l'impact de ma qualité de service sur le bouche à oreille dans ma zone ?
3. Exemples

<table>
<tr><th colspan="5">Exemple NPS négatif</th><th colspan="2">BUZZ négatif !</th></tr>
<tr><td>Clients</td><td>1.
Détracteurs</td><td>2.
Neutres</td><td>3.
Promoteurs</td><td>NPS
(3-1)</td><td rowspan="5">Impact sur notre réputation</td><td>Pour 100 clients de votre magasin</td></tr>
<tr><td>100 %</td><td>40 %</td><td>50 %</td><td>10 %</td><td>– 30</td><td>350 personnes</td></tr>
<tr><td>Nbre clients</td><td>40</td><td>50</td><td>10</td><td></td><td rowspan="3">Solde entre bouche à oreille positif et négatif</td></tr>
<tr><td>Bouche à oreille</td><td>10</td><td>0</td><td>5</td><td></td></tr>
<tr><td>Effet Buzz</td><td>400</td><td>0</td><td>50</td><td>– 350</td></tr>
<tr><td>Bouche à oreille</td><td colspan="5">Un client très satisfait nous recommande à 5 personnes de son entourage, un insatisfait à 10. Quel est l'impact de notre qualité de service sur la réputation de l'entreprise ?</td><td>Ont entendu dire du MAL de nous !</td></tr>
</table>

Exemple NPS positif					BUZZ positif !	
Clients	1. Détracteurs	2. Neutres	3. Promoteurs	NPS (3-1)	Impact sur notre réputation	Pour 100 clients de votre magasin
100 %	20 %	30 %	50 %	**30**		**50 personnes**
Nbre clients	20	30	50			Solde entre bouche à oreille positif et négatif
Bouche à oreilles	10	0	5			
Effet Buzz	200	0	250	50		
Bouche à oreille	*Un client très satisfait nous recommande à 5 personnes de son entourage, un insatisfait à 10. Quel est l'impact de notre qualité de service sur la réputation de l'entreprise ?*					**Ont entendu dire du BIEN de nous !**

Figure 8.3 – NPS et effet buzz

Les deux tableaux de la figure 8.3 vous donnent le buzz positif ou négatif correspondant à un NPS et à des opinions en termes de recommandation :

- Le premier avec un NPS négatif de - 30 aboutit à un solde (une différence) de 350 personnes qui ont entendu parler de nous en MAL ! (sur 100 clients du point de vente).
- Le second avec un NPS positif de + 30 aboutit à un solde (une différence) de 50 personnes qui ont entendu parler de nous en BIEN ! (sur 100 clients du point de vente).

La force de cet « effet buzz » est de démontrer localement l'effet « réputation et bouche à oreille » que produit une bonne ou une moins bonne qualité de service. Les opérationnels en points de vente arrivent à voir ce chiffre, ils le relient à leur taux de satisfaction et à l'amélioration de leurs points faibles...

Vous pourrez concrètement montrer aux moins bons points de vente quel est l'impact de leur mauvaise qualité de service sur leur image ! Les « meilleurs » points de vente peuvent être mis en avant pour montrer aux autres quel est le réel effet bouche à oreilles d'une bonne qualité de la relation client !

NPS et effet buzz : impact de la satisfaction client sur la réputation dans le tourisme ?

Satisfaire fait revenir vos clients et, grâce au bouche à oreille, en fait venir d'autres ! Ceci est un fait avéré et validé par bon nombre d'enquêtes réalisées dans le secteur du tourisme et de l'HPA (hôtellerie de plein air). La satisfaction entraîne donc de la recommandation et du bouche à oreille :

en comblant les vacanciers de la saison, les campings les transforment en ambassadeurs auprès de leurs amis, leurs relations et, de plus en plus sur les réseaux sociaux. Pour mesurer la recommandation des clients, une question est posée dans les questionnaires de satisfaction.

En 2014, le taux de recommandation des clients des campings était de 89 %, ce qui correspond à une excellente performance. Cette moyenne cache de vraies disparités entre les meilleurs (99 % de recommandation) et les moins bons campings (66 %).

À partir de la réponse à la recommandation, il est possible de calculer le NPS (*Net Promoter Score*), qui est le solde, la différence entre le % de clients promoteurs (tout à fait prêts à recommander le camping) et les clients détracteurs (ceux qui ne recommanderaient pas le camping).

Cet indicateur permet de voir rapidement l'intensité de l'effet bouche à oreille. Un NPS positif signifie que la société a plus de clients promoteurs que de clients détracteurs : il y aura plus de personnes qui en entendront parler en bien qu'en mal.

Le constat est opposé si vous obtenez un NPS négatif : les détracteurs sont plus nombreux que les promoteurs, le bouche à oreille négatif prend le dessus ce qui ternit la réputation !

■ L'exemple des campings

En 2014, le NPS moyen des campings est à 48 : première bonne nouvelle, il est positif !

Pour autant, et tout comme la recommandation, il y a encore de vrais écarts de performance puisque le NPS des 3 meilleurs campings monte à 83 alors qu'il s'établit à - 6 pour les moins bons !

Certains campings ont « recruté » beaucoup d'ambassadeurs parmi leurs clients de 2014. D'autres sont dans une situation délicate avec la prise de pouvoir des détracteurs sur les promoteurs et leur réputation qui va se dégrader...

L'effet buzz chez les campings

Pour traduire de manière opérationnelle le NPS, nous avons travaillé sur un nouvel indicateur qui part toujours de la question de recommandation... l'effet buzz ! Il s'agit du solde de personnes qui en entendront parler en bien, ou en mal, via la recommandation des clients :
- un client satisfait vous recommandera auprès de 5 personnes ;
- un client insatisfait dira du mal de vous à 10 personnes.

En 2014, le solde de réputation des campings ou « effet buzz » est de 233 personnes (en moyenne pour 100 clients reçus.) Un client reçu = un bouche à oreille positif de 2,3 !

Les meilleurs campings ont un solde positif de 417 personnes qui entendront parler positivement du camping au retour de vacances. Les meilleurs : un client reçu = un bouche à oreille positif de 4,2 ! Les moins bons campings obtiennent quant à eux un effet buzz complètement inverse puisque nous sommes sur un solde de - 78 personnes. Les moins bons, un client reçu = un bouche à oreille négatif de 0,8 ! Cela veut concrètement dire que chaque client reçu a pollué l'image et la réputation de ces camping auprès (de presque) une autre personne (0,8). Le tableau ci-dessous montre les chiffres :

	Recommandation	NPS	Effet buzz en nombre des personnes (pour 100 clients)
3 meilleurs	99 %	83	417
Moyenne	89 %	48	233
3 moins bons	66 %	– 6	– 78

Si la satisfaction vous donne une vision d'une expérience passée, la recommandation, le NPS et l'effet buzz, donnent une projection du futur… Cela permet de voir comment les clients satisfaits de 2014 pourront faire la promotion à leur entourage pour 2015.

Le NPS : un bon principe, une mauvaise métrique ?

Le NPS est une méthode de mesure de la satisfaction client en vogue, appréciée par les directions générales pour deux raisons :

- parce qu'elle est très simple à comprendre (c'est aussi son principal point faible) ;
- parce que via une enquête de satisfaction, elle leur parle de « publicité » (combien de clients me recommandent) et pas de « qualité » (ce qui est moins amusant).

Nous avons mené une étude où nous avons croisé :

- le taux de satisfaction client sur la note globale, donné en mode sémantique (des mots) et qui a l'avantage de ne pas avoir besoin de calcul ou d'interprétation ;

- le taux de recommandation en appliquant la fameuse règle de calcul du NPS (9 et 10 moins les 6 à 0).

Les résultats sont dans le tableau ci-contre : Le NPS est de 3 (17 % de promoteurs/moins 14 % de détracteurs = un solde de 3).

Dispertion satisfaction globale		100	Dispersion du Taux de recommandation / NPS										
			Détracteurs							Neutres		Promoteurs	
		%	0	1	2	3	4	5	6	7	8	9	10
1	Pas du tout Satisfait	0,3	0,3 %										
2	Pas très Satisfait	0,4					0,4 %						
3	Satisfait	53,9						3 %	6 %	18 %	22 %	**4 %**	**1 %**
4	Très satisfait	41,4						1 %	3 %	7 %	**22 %**	6 %	4 %
5	Extrêmement satisfait	4								1 %	**1 %**	1 %	1 %
			14 %							69 %		17 %	
NPS			3										

Figure 8.4 – NPS sémantique ou mathématique

Rappelons que le résultat du NPS de 3 repose sur la soustraction avec la base des 9 et 10. Regardons cette première partie des 17 % de clients classés comme « promoteurs » :

- 5 % des clients juste « satisfaits » ont donné une note supérieure à 9 et sont donc considérés comme « promoteurs » – ce qui semble abusif.
- 23 % des clients « très satisfaits et extrêmement satisfaits » ont donné une note de 8, et sont donc considérés comme « neutres » et exclus du NPS – ce qui semble dommage.

Sur un autre plan :

- Les clients « satisfaits » donnent une note moyenne de 7,4, ce qui justifie que le seuil de 8 ne soit pas assez pour être qualifié de « promoteur », nous sommes d'accord sur ce point.
- Les clients « très satisfaits » donnent une note moyenne de 8,6 et le seuil de 9 semble donc sévère pour les écarter !
- Les clients « extrêmement satisfaits » donnent une note moyenne de 8,6, ce qui justifie bien cette valeur. Mais même le groupe des 4 % de très satisfaits ne donnent pas une note moyenne supérieure à 9 !

Cette méthode vient des États-Unis où la notation en 10 est courante. En France, le 10 est très rare, même si on est satisfait ! On le voit dans ce tableau ci-dessus :

- 6 % seulement des clients donne un 10 et que celui-ci est lié à 3 nuances de satisfaction très différentes !

- même les « extrêmement satisfaits » ne donnent pas un 10, ils se répartissent sur 4 opinions différentes.

Conclusions

- Le NPS est bien lorsque vous suivez la même population dans le temps (le biais est constant).
- Il est par contre dangereux lorsque vous comparez des pays (culture et notation différentes) ou des produits/services très différents.
- Si vous le pouvez, utilisez le NPS plutôt en échelle « sémantique », les mots sont moins ambigus que les notes

Le meilleur indicateur de la recommandation : le taux ou le NPS ?

Communiquer les résultats de vos enquêtes nécessite l'utilisation de valeurs de synthèse. Des chiffres, des taux, des sommes, des ratios sont donc utilisés par les entreprises dans leur suivi de la satisfaction et de la fidélité de leurs clients. Il existe en effet de nombreuses façons de résumer les réponses des clients pour arriver à un seul chiffre de synthèse.

En ce qui concerne le thème de la recommandation des clients, il existe quatre grandes façons de calculer un indicateur :

- Note moyenne : il s'agit de la moyenne arithmétique de l'ensemble des réponses. La moyenne est calculée en additionnant toutes les réponses et en divisant par le nombre de réponses. Les scores possibles peuvent aller de 0 à 10.
- *Top Box Score* : le meilleur score de la boîte représente le pourcentage de répondants qui ont donné les meilleures réponses (soit un 9 et 10 sur une échelle de 0-10). Scores pouvant aller de 0 à 100.
- *Bottom Box Score* : le score bas représente le pourcentage de répondants qui ont donné les plus mauvaises réponses (0 à 6 sur une échelle de 0-10). Scores pouvant aller de 0 à 100.
- NPS (*Net Promoter Score*) : le résultat représente la différence entre les réponses positives et les négatives. Le NPS est compris entre – 100 et 100.

> • *Les résultats des analyses montrent que ces paramètres disent tous la même chose !*

Toutes les mesures sont fortement corrélées entre elles.

Il y a des limites claires à la métrique du NPS. En effet, celui-ci ne donne aucune indication supplémentaire sur la fidélité des clients au-delà du score moyen. Une étude sur 48 marques a ainsi démontré que la corrélation entre le score moyen et le NPS était de 97 ! Le taux de recommandation et le NPS vous disent la même chose sur la façon dont les marques sont classées entre elles dans le temps. Le score moyen utilise toutes les données pour calculer la métrique. Par ailleurs, le NPS ne tient pas compte des segments de clientèles spécifiques.

Alors, quelle est la valeur du NPS ? Le NPS est ambiguë et difficile à interpréter. Sans une unité claire de la mesure pour apprécier le score, le sens d'un chiffre de NPS (disons 24) n'est pas clair. Conçu pour simplifier la compréhension des dirigeants, ce qu'il arrive à faire dans un premier temps, il se trouve assez rapidement déceptif dans son interprétation...

NPS et impact économique : quel chiffre d'affaires vos détracteurs représentent-ils ?

Il existe une autre façon d'analyser son NPS que le simple score de soustraction, c'est de prendre en compte le chiffre d'affaires réalisé avec chaque client qui a répondu à l'enquête. Vous obtenez ainsi le chiffre d'affaires réalisé avec chaque groupe (promoteur, neutre, détracteur) et vous pouvez estimer les enjeux économiques liés à la fidélisation de vos clients. C'est accessible en B to B, c'est plus difficile en B to C mais pas infaisable.

Au-delà de la présentation « classique » du NPS (promoteur – détracteur = solde des promoteurs), cette façon un peu différente de lire vos résultats vous oblige à penser chiffre d'affaires et pas uniquement % de clients.

Une autre bonne idée est :

- de publier le chiffre des « non réponses » au NPS (on n'y pense pas toujours) ;
- de pondérer chaque groupe de clients par le CA réalisé (y compris les sans réponses).

On « voit » ainsi quelle est la partie de chiffre d'affaires promoteur, détracteur ou silencieux.

Source : le blog de Waypoint

Avis d'expert

Jérôme Chouleur, directeur relations clients institutionnels, S2E

S2E opère en « marque blanche » et gère par délégation pour le compte de ses clients les opérations de près de 3 000 000 de salariés détenteurs d'un plan d'épargne entreprise.

Mon point de vue d'expert

La satisfaction des clients fait partie des enjeux et des piliers de S2E depuis sa création en 2006. S2E est née de la volonté de quatre acteurs de l'épargne salariale de s'unir pour délivrer des services de qualité au meilleur coût et disposer de capacités mutualisées d'investissements pour satisfaire aux exigences de leurs clients entreprises et salariés.

Le suivi des indicateurs clés de performances était donc bien inscrit dans les gènes de notre entreprise. En 2010, nous avons fait le constat que cela ne suffisait pas et qu'il fallait compléter la mesure de notre performance par une mesure de la satisfaction de nos clients B to B et avons décidé de lancer une première enquête de satisfaction.

Dans une relation B to B où les interlocuteurs des deux parties travaillent dans le cadre d'une relation actionnariale, il est apparu nécessaire de raviver cette relation en mesurant la qualité perçue par nos clients. L'enquête de satisfaction est un instrument qui nous permet de recueillir les attentes de nos clients, de préparer des plans d'actions d'amélioration et de vérifier l'efficacité des actions réalisées l'année suivante. La mesure de la qualité perçue s'effectue à tout moment « au fil de l'eau » dans le cadre des instances formelles de réunions que nous avons avec nos clients. Ce dispositif de suivi des relations avec nos clients est complété par une réunion annuelle dédiée à l'échange sur nos modes de fonctionnement. La compréhension des enjeux de nos clients permet de mieux servir leurs intérêts et de répondre à leurs attentes.

En 2010, nous avons décidé de mettre en place une enquête de satisfaction annuelle pour questionner un panel d'environ 150 interlocuteurs travaillant en liaison étroite avec notre entreprise. Nos quatre clients procèdent de leur côté à la mesure de la satisfaction de leurs entreprises clientes et de leurs salariés.

Dans notre cas, c'est l'expérience du client final que nous gérons en B to B to C qui fait la satisfaction de notre client Business. Nous avons mis en place un suivi des parcours clients sur nos sites Web, afin de vérifier si nos parcours sont fluides et d'identifier d'éventuelles améliorations à apporter.

Mon expérience en la matière est qu'il y a souvent spontanément une bonne implication des collaborateurs autour de la satisfaction client. C'est naturellement un objectif rassembleur, partagé, et il faut alimenter cet élan par une communication régulière sur les progrès réalisés, les nouvelles attentes exprimées, les *feedbacks* positifs ou négatifs des clients pour maintenir la flamme. Il n'est pas rare d'entendre un collaborateur parler de « son » entreprise cliente ou de

»

» « ses salariés ». Il y a une forte appropriation de la responsabilité de la relation avec le client qui témoigne d'une culture client développée.
Une anecdote : après trois années de très bons niveaux de satisfaction, nous nous sommes interrogés sur le fait de poursuivre notre enquête de satisfaction. Les résultats étaient au beau fixe. Alors que j'étais sur le point d'envisager l'annulation de notre enquête, un dysfonctionnement est survenu et nous avons maintenu l'enquête. Le niveau de satisfaction mesuré cette année-là a diminué, mais l'année suivante, les clients ont souligné notre qualité d'écoute, les résultats des actions entreprises pour améliorer la qualité de service et nous sommes revenus au niveau des années précédentes. Moralité : c'est lorsque des tensions surviennent qu'il faut être plus près de ses clients et ne pas redouter de demander leur appréciation.

Entre recommandation et satisfaction, quelle est la meilleure question ?

Une étude menée par une chercheuse anglaise sur la fidélité client confirme le problème des écarts entre le niveau de satisfaction et celui de la recommandation. Le taux de recommandation des clients n'est pas directement corrélé à leur taux de satisfaction. Il est très lié au degré de maturité de vos clients sur votre marché et votre activité, pas uniquement à leur satisfaction et à la qualité de leur expérience !

- *La satisfaction est plus robuste que la recommandation : c'est une opinion « individuelle » et pas une opinion « sociale ».*

Dans son analyse, cette chercheuse met en avant cinq aspects :

1. Il existe une réelle différence entre les résultats d'une mesure de fidélité et d'une mesure d'intention de recommandation.
2. Même si une expérience négative réduit l'intention de fidélité, elle n'empêche pas pour autant de parler de manière positive d'un service qui pourrait être utile à autrui
3. L'intention de recommandation et le bouche à oreille sont très influencés par le degré d'expertise des personnes interrogées
4. Les « experts prescripteurs » sont prêts à recommander en dépit de « blocage » ou d'insatisfaction ressentis personnellement. Comme si ces personnes disaient : ce n'est pas assez bon pour moi, mais cela peut convenir à d'autres.
5. Les « novices » qui ont une moindre maîtrise du sujet et perçoivent davantage les coûts de changement, ont un faible taux de recommandation et de promotion.

Selon le degré de maturité de vos clients, votre taux de recommandation peut varier du simple au double ! La satisfaction est donc plus robuste que la recommandation, car elle reflète une opinion « individuelle » et pas une opinion « sociale ». Ceci ne remet pas en question le rôle social de la satisfaction sur la réputation mais nous interroge sur le NPS et la puissance que les décideurs lui prêtent...

Ne devrions-nous pas imaginer un NSS (*Net Satisfaction Score*) qui traduirait l'écart de performance entre les notes de satisfaction données ?

Le détournement du NPS ?

« Si vous mettez 10 à mon enquête de satisfaction, je vous enlève les 35 € de supplément ! » Cette expérience vécue chez Europcar montre que l'on peut assister à des détournements du NPS par les collaborateurs qui, ayant bien compris que seules les 9 et 10 rapportent quelque chose, font tout ce qu'ils peuvent pour en avoir ! J'en veux pour preuve l'aventure qui est arrivée à un groupe de quatre collaboratrices de ma société.

Exemple

Pour le mariage d'une de nos collègues, nous avions pris le train et loué une voiture chez Europcar à la gare. Accueil sympa, voiture propre, plein d'essence, tout va bien.

Au retour, nous déposons la voiture dans le parking de la gare. Un peu de monde, mais tout va bien. Nous arrivons au comptoir Europcar pour rendre les clés. Une personne fait le *check-out* et nous pose la question : « Vous avez fait le plein d'essence ? ». On se regarde tous : « Merde, on a oublié ! ». Nous avons fait peu de kilomètres, l'aiguille a à peine bougée, mais sur le fond, elle a raison : on n'a pas fait le plein d'essence. On commence un peu à se chamailler entre nous et l'hôtesse nous annonce un supplément forfaitaire de 35 € pour faire le plein. On se prend un petit peu la tête, chacun se renvoyant la balle de l'oubli.

L'hôtesse nous propose gentiment d'aller faire nous même le plein en estimant le budget à 10 ou 15 € mais nous renonçons en souvenir des difficultés d'accès au parking, de la mauvaise circulation et de l'heure de départ de notre train qui approche... Et là, moment inoubliable : la jeune femme se lève de sa chaise et, d'un ton très affirmé, me présente un papier et un stylo et me dit : « si vous mettez un 10 à mon enquête satisfaction, je vous fais cadeau des 35 € ! ».

Au vu de ma tête décomposée, de ma mine étonnée et du silence des 3 autres personnes, elle comprend tout de suite qu'elle a fait une « boulette »... On sent

immédiatement qu'elle regrette sa proposition... Je deviens alors un peu ferme et j'insiste en lui disant qu'il est hors de question d'accepter pareil marchandage et que nous paierons les 35 € de supplément !
Si elle nous avait donné son enquête de satisfaction avec son NPS, on lui aurait donné une bonne note car elle avait fait consciencieusement son travail et le problème de l'oubli du plein d'essence était de notre fait. Mais là, son initiative malheureuse a transformé l'expérience d'une banale location de voiture en tentative de chantage et de détournement d'un outil de mesure de la qualité de service.

Retenez quatre points de cette expérience :

1. Les enquêtes « auto-distribuées » sont toujours sujettes à manipulation :
- le questionnaire n'est pas donné à tout le monde, on cible les clients contents, on enlève les questionnaires négatifs, brefs vos mesures sont faussées...
- Le NPS dans son apparente facilité a vite été compris et détourné par les opérationnels : on ne veut que des 10 !
- Je vous laisse imaginer les trésors d'ingéniosité dont vont faire preuve vos équipes pour n'avoir que des 10 !
- Une mesure avec d'autres métriques se prête moins à cette facile manipulation par le terrain...
2. Les personnes les plus proches de la relation ne sont pas celles qui doivent mesurer la qualité de cette relation.
- Nous entendons régulièrement ce point de vue de la part des clients : « Je ne pouvais pas me plaindre auprès d'elle de mon insatisfaction puisque c'était elle la cause du problème ! ».
3. Il faut toujours dissocier l'événement et la mesure de l'événement.
- Il existe plein d'autres moyens pour faire de la mesure de la qualité de service « à chaud » après le service rendu : téléphone, SMS, Web, QR Codes, tablettes tactiles.
4. Le questionnaire papier remis par un commercial est le pire outil
- Le questionnaire papier remis par un commercial est effectivement très économique mais c'est le pire outil – à la fois en mesure et en mode de management de la qualité.
- Tout le monde sait comment tricher... la preuve vient d'en être faite.

Ce phénomène semble répandu dans le secteur de l'automobile. Lors d'une réparation chez Toyota, la secrétaire qui m'a remis la facture m'a consciencieusement expliqué qu'il fallait impérativement que je mette 10 à la future enquête de satisfaction, sinon la concession était très mal vue. Encore une qui avait très bien compris la soustraction du NPS... Elle a passé plus de temps à m'expliquer comment « bien » répondre à l'enquête qu'à me commenter ce qui avait été fait sur ma voiture. Joli paradoxe d'une démarche de qualité de service... Et en fait, je n'ai jamais été interrogé.

Une preuve des effets sociaux sur la fidélisation client

Nous reconnaissons tous intuitivement le rôle des interactions sociales dans l'adoption de nouveaux produits ou services : un bouche à oreille positif peut réduire le risque et l'incertitude associés à l'achat des nouveaux produits et entraîner les ventes.

Mais peuvent-ils réellement influencer négativement les comportements des autres personnes de notre entourage ? Si des liens sociaux peuvent amener une personne à adopter un produit ou service, peuvent-ils également entraîner une personne à abandonner un produit ou service ?

La réponse est oui, et des chercheurs ont prouvé que la défection d'un client augmente de 80 % le risque de défection des amis de son réseau social. Jusqu'ici, il a été difficile d'étudier cette question en raison du manque des données nécessaires pour le faire, mais un groupe de chercheurs a utilisé des bases de données des télécommunications pour explorer le comportement du réseau social. Dans leur recherche, Irit Nitzan et Barak Libai de l'université de Tel Aviv ont utilisé la base de données d'une compagnie de téléphone cellulaire de plus d'un million de clients afin d'examiner l'influence des clients qui quittent l'entreprise sur leurs contacts au premier degré (contacts directs, voisins et « amis ») dans leur réseau social.

■ Hypothèses

Les chercheurs émettent l'hypothèse que :
- la défection d'un client augmente la probabilité de défection des « amis » de son réseau ;
- le risque de proximité/défection est proportionnel (les plus proches sont les plus risqués) ;
- il existe un effet temporel (plus le temps passe, plus l'effet de défection des amis diminuera) ;

- il existe un rempart de confiance : plus le client est fidèle à la société, moins l'influence de la défection d'un « ami » sera forte.

■ Résultats

Les chercheurs ont utilisé un modèle des risques proportionnels afin d'examiner les variables d'exposition à la défection, la solidité des liens, la similitude, et les incitations économiques.

- La défection d'un client accroît le risque de défection des « amis » de son réseau d'environ 80 % (jusqu'à 150 % selon certains paramètres retenus...).
- L'analyse montre que chaque augmentation de 1 % dans la solidité des liens d'un client avec ses « amis » est associée à une augmentation de 2 % des risques de défection des clients « amis » de son réseau.
- La résistance moyenne des clients dans l'ensemble des données est d'environ 8 %, ce qui signifie que le risque de défection des « amis » de son réseau augmente de 16 %.
- La proximité typologique entre « amis » augmente également le risque. Une augmentation de 1 % de la similitude entre un client et un « ami » est associée à une augmentation de 10 % de risque de défection dans son réseau.

Comme prévu :

- l'influence de la défection sur le réseau des « amis » diminue de façon marquée avec le passage du temps ;
- la fidélité d'un client « immunise » le taux de défection des amis de son groupe.

Cet accroissement du risque négatif du bouche à oreille confirme de manière scientifique le rôle des effets sociaux de fidélisation de la clientèle.

Comme cela avait été confirmé par des travaux antérieurs, les événements négatifs ont un effet social plus puissant que les effets positifs. Il devient donc important d'intégrer les effets des réseaux sociaux dans les politiques de prévisions des taux de désabonnement. Les résultats renforcent également l'importance de la fidélisation de la clientèle dans l'e-réputation. Les clients qui se sentent fidèles à l'entreprise sont moins susceptibles d'être influencés par les défections des autres[1].

1 Source : Irit Nitzan & Barak Libai, Leon Recanati Graduate School of Business Administration, Université de Tel Aviv, Israël, 2010.

■ Remarques opérationnelles

Au vu de ces informations, il faut envisager que les enquêtes de satisfaction client soient modifiées pour inclure des questions :

- sur les recommandations « réellement réalisées » ;
- ainsi que sur la fréquentation des réseaux sociaux.

On pourrait ainsi aller beaucoup plus loin que le seul taux de recommandation classique (intention de le faire) qui est globalement toujours positif et dont les quelques métriques disponibles NPS rendent imparfaitement compte d'une réalité complexe. Pensez à intégrer ce point dans votre prochaine étude de satisfaction client.

L'essentiel

▶▶ **Sans transmission,** sans relais, sans partage, vos démarches d'écoute clients sont vouées à l'échec.

▶▶ **Pour réussir** à construire une bonne expérience client, vous devrez mobiliser toute l'expérience interne !

▶▶ **Les gens ne font que ce qui rapporte**, il faut donc que vos engagements clients soit assortis de récompenses, de gratifications, de signes de reconnaissance (ou de pénalités).

▶▶ **Félicitez**, célébrez, donnez-vous des occasions de faire la fête autour de vos succès en relation client.

▶▶ **Le jour où un collaborateur** aura été reconnu ou promu grâce à des réussites en relation ou en fidélité client, vous saurez que vous aurez gagné !

▶▶ **Le développement du digital** permet la mise en place de nouveaux programmes de suivi permanent de la relation client, grâce auxquels votre entreprise pourra devenir « *customer care* ».

▶▶ **Le NPS** est une belle trouvaille mais sachez l'utiliser en connaissance de cause, poussez-le un plus loin qu'une simple soustraction et mixez le intelligemment avec vos autres métriques.

Avis d'expert

Marc Gilli, directeur général adjoint habitat, BPD Marignan

Comment INIT aide BPD Marignan à mieux satisfaire ses clients

Filiale de la banque néerlandaise Rabobank, une des banques privées la mieux notée au niveau mondial, BPD Marignan est un acteur majeur de la promotion immobilière en France. Nous sommes présents sur le segment de l'immobilier résidentiel, de l'immobilier de bureaux mais aussi dans les résidences gérées de type étudiant ou sénior. En France, nous maillons le territoire au travers d'une quinzaine d'agences organisées en secteurs géographiques.

Mon point de vue d'expert

Dans un marché complexe et éminemment cyclique, nous cherchons à mieux connaître nos clients, leurs attentes et les enquêtes de satisfaction font partie du panel de nos actions.

Il faut le dire, le logement a de l'avenir ! Il est avec la voiture un des plus grands vecteurs de consommation, chaque ménage français rêvant de pouvoir accéder à la propriété. Le logement est le premier poste de dépense d'un ménage : son parcours résidentiel laisse le choix entre le locatif, l'achat du neuf ou de l'ancien. À l'instar de la voiture, un ménage français achètera un ou deux appartements ou maisons dans sa vie… Connaître son client est donc fondamental, écouter ses récriminations et diverses doléances, absolument vital.

Avant d'entreprendre la mesure d'études de satisfaction de nos clients, nous avions peu d'opportunités de réaliser des « post mortem » de nos opérations, pris par l'immédiateté du quotidien. Quand nous en faisions, nous avions du mal à prendre du recul sur les résultats :

Il y a près de 15 ans, BPD Marignan réalisait des études de satisfaction très ponctuelles. À l'époque, comme ce qui se pratique encore aujourd'hui dans certaines entreprises, ces enquêtes de satisfaction étaient un peu vécues comme une obligation administrative, comme un gage de « bonne conscience ». Une fois réalisées, ces enquêtes n'étaient que peu, voire pas exploitées et étaient classées dans une belle armoire ou sauvegardées numériquement. Je ne doute pas que ce type de caricature ait encore la vie belle…

Chez BPD Marignan, il a fallu attendre la conjonction de plusieurs événements au sein du groupe pour évoluer vers ce qui est devenu aujourd'hui « une démarche qualité réfléchie et ambitieuse » :

- La volonté pour BPD Marignan de s'inscrire dans un référentiel qualité.
- La volonté de ne plus subir mais d'être proactif dans une démarche qualité tournée vers le client.
- La réalisation d'un travail du groupe prépondérant dans le développement durable, où l'acquéreur s'est inscrit au centre des objectifs
- Le fait d'être le premier promoteur immobilier national certifié NF démarche HQE

»

» Mais finalement qu'en est-il de la parole et de l'avis de nos clients ?
Au-delà du taux de satisfaction des clients, BPD Marignan est convaincu qu'il faut améliorer sa connaissance du client et créer des indicateurs de référence : Sans mesure, il ne peut y avoir que des points de vue tronqués et subjectifs : *Absit reverentia vero !* « Ne craignons pas de dire la vérité. »
La recherche de la satisfaction client est une démarche naturelle dans la gestion de notre entreprise. Cette seconde nature nous a fait mettre en place de véritables groupes de travail pour l'amélioration de la qualité globale. Notre politique qualité vise à mettre en exergue les points d'amélioration identifiés et à chercher de nouveaux process pour mettre en œuvre ces améliorations : *Aut agere aut mori* « Agir ou mourir ».
Nos enquêtes de satisfaction sont des indicateurs intégrés dans la gestion de notre entreprise et dont les résultats font l'objet de présentation au CODIR. Chaque BU (*Business Unit*) en attend parfois avec crainte la présentation.
Le temps du client n'est pas le temps du promoteur : nos enquêtes n'interviennent que 6 mois après la livraison de nos logements à nos clients afin que ceux-ci prennent le recul nécessaire pour exprimer leur réel degré de satisfaction : de ce fait et en raison du temps de l'analyse des enquêtes, nous avons les chiffres avec un décalage de 8 mois par rapport à une date de livraison.
Il faut enfin intégrer ce lien avec le client dans un environnement plus global. Le client a changé : Dans le temps, on pensait qu'un client satisfait en parlait à quelques-uns, un client insatisfait en parlait à plusieurs dizaines. Le nouveau client, que l'on pourrait appeler le client mutant 2.0, a changé ses réflexes d'achat et partage ses expériences sur les réseaux sociaux : il fait ainsi potentiellement connaître son insatisfaction à des millions d'internautes...
Mieux connaître et appréhender les attentes des clients, tant dans le process que dans le produit final fait partie des systèmes de qualité. Dans ce changement de paradigme, cela devient une démarche intégrée à la révolution du marketing numérique. Nous pouvons tout imaginer pour la plus grande satisfaction de nos clients, mais n'avons pas le droit de nous tromper ! : *Decipimur specie recti* « Nous sommes trompés par l'apparence du bien. »

Chapitre 9

Les cartes de fidélité client

Executive summary

- **On ne peut pas parler** de fidélité client sans parler des cartes de fidélité, mais sont-elles le sésame qui ouvre tous les cœurs et tous les portefeuilles ? Malheureusement non…
- **Les cartes de fidélité** sont devenues un « basique » de moins en moins discriminant : ne pas en avoir peut être pénalisant (mais pas partout), en avoir n'est pas toujours très différenciant…
- **Les cartes de fidélité** sont avant tout de bons outils de connaissance clients qui permettent d'obtenir de la donnée client !

L'utilité des cartes et des programmes de fidélité ?

Le premier objectif d'une carte de fidélité n'est pas d'être « généreux » avec tous ses clients, mais d'identifier les clients avec lesquels il est plus rentable d'être généreux... La première utilité est donc de collecter des données sur le comportement d'achat de ses clients. Les clients n'ont pas besoin d'une carte plastique pour devenir fidèles ! Les entreprises utilisent les données collectées à partir des achats et de l'utilisation des cartes de fidélité de leurs clients pour :

- mener des analyses statistiques des achats de type RFM (Récence Fréquence Montant) ;
- réaliser ensuite des analyses prédictives de futur comportement d'achat de la clientèle.

Aux États-Unis, la société Kroger (supermarchés) équipe plus de 40 % des ménages Américains de sa carte de fidélité. Elle exploite efficacement les données d'achats de ses clients pour le programme de fidélité :

- 90 % des achats de produits Kroger sont traités avec la carte de fidélité.
- Les promotions et courriers que Kroger envoie à ses clients peuvent avoir jusqu'à 95 % de personnalisation selon l'historique d'achats de chacun.

Cette stratégie de carte et de programme de fidélité s'inscrit dans une politique et une vision à long terme de Kroger de fidéliser ses clients pour la vie. La carte de fidélité n'est donc qu'un « outil promotionnel personnalisé » qui permet d'entretenir une relation plus individualisée dans une politique marketing de *mass market* car c'est de la reconnaissance que veulent avoir les clients pour être satisfaits et devenir fidèles, pas une simple carte plastique...

Les cartes de fidélité ne fidélisent pas ?

Contrairement à ce que l'on pourrait penser, le véritable intérêt des cartes de fidélité ne réside pas dans leur capacité à fidéliser les clients mais dans le fait qu'elles permettent de mieux les connaître, afin de leur adresser des offres ciblées : mieux connaître pour mieux cibler et fidéliser !

Le professeur en marketing Lars Meyer-Waarden, chercheur du Centre de Recherche en Management de Toulouse (CNRS/Université Toulouse), a mené une étude de grande ampleur sur les cartes de fidélité. Le but de cette étude était d'observer l'impact que la carte de fidélité avait sur le comportement des clients, 15 mois avant et 15 mois après l'obtention de leur carte de fidélité. On remarque alors que l'impact est très faible et surtout non durable, d'une durée d'à peine six mois.

Lars Meyer Waarden donne plusieurs explications à ce phénomène :

- La faible valeur des récompenses, qui est peu motivante pour le consommateur. Elle représente en général seulement 1 à 2 % de ce que le consommateur dépense lui-même dans l'enseigne.
- Les cartes ne permettent pas de segmenter efficacement les consommateurs en fonction des avantages recherchés : certains prennent une carte de fidélité pour optimiser leur budget, d'autre pour avoir des privilèges, un statut, du relationnel (rencontre avec d'autres consommateurs, avec des vendeurs).
- Le fait de ne proposer que des récompenses monétaires ne va pas pouvoir contenter ceux qui recherchent autre chose qu'une contrepartie économique.

Ainsi, le véritable intérêt des cartes de fidélité réside dans le fait qu'elles permettent de mieux connaître ses clients afin de leur adresser des offres ciblées. Cela est rendu possible à l'aide de questionnaires qui permettent de mieux connaître l'orientation et la motivation d'achat du client.

Ainsi, on peut individuellement constater si l'on a affaire à un client de motivation économique, relationnelle, informationnelle, fonctionnelle… Cette classification rend les programmes plus efficaces car elle permet de proposer exactement ce que les clients cherchent en termes de récompense.

Pour un client, qu'est-ce qu'être fidèle à une marque ?

Voici trois points de vue parus dans le blog La Rue de la Fidélité.

Avis d'expert

Christophe Benavent

Être fidèle à une marque c'est quoi ? On se le demande !
Avoir une sympathie, un affect. Il semble de plus en plus difficile de croire que la fidélité a un sens alors que le pouvoir d'achat régresse pour plus des deux tiers de la population, et qu'avec les multiples innovations qui diffusent sur le marchés, les consommateurs sont amenés à faire de nombreux arbitrages entre catégories de consommation et à l'intérieur de celles-ci.
La fidélité est donc ce qui retient en dépit de la raison, et c'est l'amour, même si le mot est fort quand il s'agit de commerce. Au moins un attachement. La confiance reste une condition nécessaire de la fidélité mais manifestement plus suffisante.

Christian Barbaray

La fidélité des clients vient de deux sources : la paresse (l'inertie) ou l'engagement (l'implication).
Être fidèle à une marque ou un produit peut donc se faire avec un faible niveau d'implication, pour plusieurs raisons qui tiennent à l'habitude, au confort et à toutes les difficultés liées à un changement. Ce premier type de fidélité va se rencontrer plutôt dans les produits peu impliquants, de consommation courante à bonne fréquence d'achat.
Mais être fidèle à une marque ou un produit peut être le fruit d'un véritable engagement :

- affectif (j'aime ce produit) ;
- social (je suis fier de le montrer) ;
- élitiste (tout le monde ne l'a pas) ;
- culturel (il faut connaitre les codes).

Ce type de fidélité va se rencontrer plutôt dans les produits ou services très impliquants, dans des biens d'équipement à faible fréquence d'achat et à fort pouvoir émotionnel. Ma fidélité de client va donc s'appuyer sur un imaginaire que la marque doit nourrir en permanence. Si mon expérience d'utilisation ou de consommation correspond aux promesses de la marque, alors ma fidélité est indéfectible et nous serons amoureux toute notre vie !

Thierry Spencer

On dit les clients volatils, mais rien n'est plus fidèle qu'un client qui est simplement reconnu et récompensé régulièrement pour son investissement. »

» Les attentes des clients ne sont pas uniquement dans le domaine de la transaction mais beaucoup dans la relation. Si vous garantissez à vos clients une offre constante et un discours de vérité, vous avez déjà fait une bonne partie du chemin. Le reste, c'est la prise en considération de leur singularité (j'ai des besoins spécifiques, je ne me comporte pas toujours de la même façon), et de leur multi-fidélité (je ne suis pas exclusif). De plus, avec les médias sociaux, un client pourrait bien ne pas avoir fait un seul achat avec vous depuis longtemps mais être un infatigable créateur de contenu à votre bénéfice.

Cartes de fidélité en grande distribution : les clients sont bigames !

Les clients de la grande distribution se montrent très majoritairement séduits par les cartes de fidélité de leurs magasins, plus de 96 % en moyenne en possèdent une, même si celles-ci ne les empêchent pas d'aller voir ailleurs, selon la dernière étude Promise Consulting[1].

Les cartes de fidélité attirent un nombre croissant des clients de la grande distribution. 59 % des clients possèdent une autre carte de fidélité que celle de leur enseigne principale. Ainsi, le taux de possession « de la carte de fidélité de l'enseigne » est le suivant :

- Carte Carrefour à plus de 98 %.
- Carte Leclerc (97,7 %).
- Carte Auchan (96,9 %).
- Carte Casino (91,1 %).
- Carte Monoprix (89 %).

L'étude montre aussi que détenir la carte de fidélité d'un magasin ne rend pas forcément le client captif de cette enseigne, puisque cela ne l'empêche pas de posséder une ou plusieurs cartes d'autres enseignes. Ainsi, 59 % des clients possèdent une autre carte de fidélité que celle de leur enseigne principale avec des écarts :

- 68,1 % des clients Géant sont également munis d'une autre carte ;
- mais seuls 39 % des clients Monoprix possèdent également la carte d'un distributeur concurrent.

1 Étude réalisée en octobre 2012 via Internet auprès d'un échantillon représentatif de la population française de 14 841 personnes, fréquentant les enseignes de grande distribution par Promise Consulting Inc et Panel on the web.

Les cartes (de fidélité) entrent en concurrence dans le portefeuille du client. Selon les résultats de l'enquête, c'est Carrefour qui s'en sort le mieux au milieu de la concurrence que se font les grandes enseignes dans le placement de leurs cartes de fidélité. Le groupe place plus facilement sa carte de fidélité chez les clients de ses concurrents, alors que ses propres clients sont moins nombreux à posséder les cartes d'autres magasins (solde positif de 43 %).

Les cartes de fidélité rendent-elles fidèles ?

À l'occasion de la Saint Fidèle 2011 et de la journée de la fidélité, un sondage a été réalisé à propos des cartes de fidélité. Ses résultats nous font nous interroger : cartes de fidélité, un amour en plastique ? Voici les dix enseignements essentiels à retenir de ce sondage :

1. Cartes de fidélité : « j'en ai et je les utilise ».

- 98 % des Français possèdent au moins une carte de fidélité à une enseigne... seulement 2 % d'entre nous sont réfractaires à ce sésame plastique.
- En moyenne nous en possédons près de 9 ! Sur les 18 secteurs étudiés, 14 % des interlocuteurs déclarent même en avoir dans d'autres secteurs.
- Nous déclarons les utiliser dans 92 % des cas, et utiliser les offres, leurs cadeaux et leurs avantages dans 66 % des cas.

2. La grande distribution nous rend bigame !

- Les enseignes des super et hypermarchés tirent le marché des cartes de fidélité, puisque nous sommes 92 % à être équipés de leur sésame avec 2,3 cartes en moyenne.
- Paradoxe de la fidélité, nous sommes bigames avec les enseignes de la grande distribution !

3. Nous sommes fidèles à ce qui nous fait du bien.

- Le deuxième secteur est celui de la parfumerie/beauté avec 62 % de client(e)s carté(e)s : un nombre moyen de cartes plus faible, ce qui laisse penser que nous sommes plus fidèles à la beauté qu'à la consommation !
- Deux autres secteurs d'activité qui ont de bons taux de pénétration sont les enseignes d'articles de sport avec 43 % et les coiffeurs avec 41 %. De nouveau, la forme et la beauté alimentent notre désir de fidélité !

- Au-delà de ce groupe de tête, les autres secteurs n'équipent qu'un tiers d'entre nous avec leurs cartes pour tenter de s'attirer nos faveurs.

4. La mobilité rend-elle moins sensible à la fidélité ?

- Les quatre secteurs d'activité à plus faible taux de possession de cartes de fidélité clients sont celles où l'on bouge et où l'on se déplace (compagnies aériennes, hôtels restaurants, réparation automobile et stations-services) avec seulement 17 % de possesseurs.
- On semble bien moins intéressé par la fidélité dans les secteurs qui vous permettent de vous déplacer !

5. Avis aux professionnels : ne « survendez » pas vos cartes et rendez-les attractives ! Pour ceux qui les oublient, les raisons de non utilisation ou de non présentation de la carte sont :

- La faible fréquentation de l'enseigne qui nous a « vendu » une carte de fidélité (73 %), vous encartez des non-clients !
- La faible attractivité des avantages offerts (62 %).
- La non-possession au moment du passage en caisse (59 %).
- L'absence de souvenir ou de mémoire d'avoir une carte de l'enseigne (54 %).
- L'oubli de la sortir au moment de l'achat (43 %).

Il faudrait que les responsables des programmes de fidélité rendent leurs offres plus « sexy » afin d'éviter qu'un porteur de cartes sur deux ne l'utilise pas !

Ce comportement est plus marqué chez les hommes et les femmes de plus de 30 ans.

6. Conseil aux professionnels : rendez l'utilisation des cadeaux plus faciles ! Les raisons de non utilisation des avantages offerts sont les suivants :

- Le délai pour les utiliser est trop court (55 %).
- L'oubli du cadeau ou de l'avantage offert (48 %).
- L'oubli du document qui permet d'obtenir l'avantage (46 %).
- La faible attractivité des avantages (46 %).

Les hommes sont plus critiques sur les délais et les femmes sur les avantages, particulièrement celles de la quarantaine !

7. Recette pour rendre un client plus fidèle = fréquence + ancienneté ! Les préférences des clients sur la construction des programmes de fidélité sont les suivantes :

- Tenir compte de ma fréquence de passage chez vous à 83 % des réponses (pas uniquement du montant de mes achats).
- Tenir compte de mon ancienneté pour 82 % des personnes interrogées (chaque année d'ancienneté me fait monter en grade).

- Je suis d'accord pour privilégier l'achat de certains produits ou rayons (67 %).
- Je veux bien gagner des points liés à un montant d'achat (60 %).
- Je suis un peu moins partant(e) s'il faut venir certains jours (46 %).

Les femmes sont plus sensibles à ces arguments que les hommes.

8. La fidélité s'est banalisée !

- 53 % des client(e)s ne se sentent pas « privilégié(e)s » en adhérant aux programmes de fidélisation. Seulement 9 % d'entre eux répondent de manière très positive à cette question !
- Les cartes et les programmes de fidélité sont donc devenus des « basiques » dans la relation commerciale entre une enseigne et ses clients !
- Ce sentiment de banalisation est plus marqué chez les femmes que chez les hommes et plus nettement chez les « adultes » de 40/50 ans…

9. Cartes de fidélité : on achète plus, mais sans plaisir ! Interrogés sur l'impact des cartes de fidélité sur leur comportement d'achat, les clients reconnaissent que :

- Cela les incite à aller plus souvent dans l'enseigne concernée (77 %).
- Incite à acheter plus dans l'enseigne (63 %).
- Donne plus de satisfaction vis-à-vis de l'enseigne (60 %).
- Permet de céder à des coups de cœur (57 %).
- Donne plus de confiance dans cette enseigne (47 %).
- Incite à recommander l'enseigne à l'entourage (46 %).

Ces éléments démontrent que les cartes de fidélité ont un impact sur le comportement d'achat des clients (achètent plus souvent + plus d'achats), mais pas sur l'image (satisfaction et confiance). L'effet carte de fidélité reste très « consumériste/opportuniste » mais sans valeur ajoutée en termes de confiance ou d'attachement à l'enseigne. Un peu plus d'affectif et de relationnel ne nuiraient sans doute pas ! Ces effets sont nettement plus marqués chez les femmes, particulièrement les plus de 40 ans.

10. Le portable en remplaçant de la carte plastique ?

Interrogés sur la possibilité de suppression des cartes de fidélité en plastique, les clients plébiscitent les futurs supports suivants :

- le téléphone portable (48 %) ;
- les empreintes digitales (36 %) ;
- une puce électronique intégrée à un accessoire (27 %) ;
- la reconnaissance de sa voix (22 %) ;
- la reconnaissance du visage (17 %).

Le téléphone portable intéresse près de la moitié de la population ce qui est fort, puisque la pénétration des smartphones est proche de 30 %. Cela laisse penser que ceux qui vont se mettre au smartphone risquent facilement d'adopter la future carte digitale mobile. En dehors de cet attrait, on peut noter des scores assez faibles sur les autres réponses, le plastique semble donc avoir encore de beaux jours devant lui mais l'intérêt déclaré pour les smartphones comme remplaçant laisse présager son déclin !

Les hommes sont plus sensibles au portable et à la puce électronique, les personnes de 20 et 30 ans plus ouverts sur tous les supports que les plus âgés... La génération Y (qui a entre 17 et 29 ans) sera la première à utiliser les portables comme support de leur fidélité aux enseignes ! Le portable est, de plus, la bonne réponse aux problèmes d'oubli évoqués : on n'oublie jamais son portable.

Fidélité et usages par secteur

Le tableau[1] ci-contre résume le pourcentage de possesseurs de cartes, le nombre moyen possédé, le taux de présentation des cartes et d'utilisation des avantages dans les 18 secteurs étudiés.

Quel sont les différents programmes de fidélité client ?

Cette partie s'appuie sur les résultats d'une étude qui a fait partie de l'un des projets de la Journée de la Fidélité qui a associé les étudiants du master Marketing opérationnel international. Les étudiants ont analysé 134 programmes de fidélité, avec l'aide de Nathalie Beaucé, les décrivant en termes de système de gratifications, sur deux axes :

- de gain (*Earn*) ;
- de bénéfices (*Earn*).

Une des étudiantes, Armelle Nguyen, s'est chargée d'une analyse plus approfondie dans le cadre de son mémoire en en développant une typologie. Le résultat obtenu est que sept grandes familles de programmes peuvent être distinguées.

1 Source : www.journeedelafidelite.com – Sondage réalisé par la Société INIT auprès d'un échantillon de 1 012 personnes de 15 à 65 ans représentatif de la population française entre le 4 et le 10 avril 2011 et administré par Acces panel d'Easy Panel.

	Types d'enseigne	% possèdent une carte	Nombre moyen de cartes	% présentation	% utilisation avantages
1	Supermarché et hypermarché	92 %	2,5	96,8	80,0
2	Parfumerie/beauté	62 %	1,6	93,6	66,3
3	Articles de sport	43 %	1,2	94,4	64,9
4	Coiffeur	41 %	1,1	93,7	71,2
5	Bricolage	35 %	1,4	92,8	69,0
6	Équipement de la maison	35 %	1,3	95,8	63,7
7	Produits culturels	34 %	1,2	92,5	64,4
8	Banque	32 %	1,3	88,0	62,9
9	Jardinerie, animalerie	30 %	1,2	93,0	68,4
10	Jeux, jeux vidéos, informatique et multimédia, téléphonie	26 %	1,2	91,6	60,9
11	Cinéma	24 %	1,1	91,4	68,1
12	Vente par correspondance	24 %	1,6	93,8	73,7
13	Bijouterie	22 %	1,1	90,3	54,4
14	Grands magasins	22 %	1,5	88,9	63,5
15	Restauration-hôtellerie	17 %	1,7	89,8	62,1
16	Compagnie aérienne, agence de voyages, transports	17 %	1,2	92,4	64,1
17	Automobile et réparations auto	17 %	1,1	91,1	61,8
18	Stations services	16 %	1,1	89,1	68,6
			8,74	92 %	66 %
			Total	Moyenne	

• Les programmes standards à chèque de réduction. Etam en est un exemple typique ; il permet d'échanger les points acquis contre un bon de réduction.
• Des programmes à points qui diffèrent des premiers par l'obtention de remises immédiates. Celui de France Loisirs en est un bon spécimen.
• Les programmes de cash-back utilisent la même mécanique d'accumulation, mais permettent d'obtenir des remises proportionnelles après l'atteinte d'un certain seuil. Le programme de Virgin est un exemple type.
• Apparaissent ensuite des programmes qui permettent de bénéficier d'un crédit. Celui d'Ikea est emblématique tout comme la carte Pass de Carrefour.
• Les programmes de cadeaux ajoutent la possibilité de choisir dans un catalogue une gamme élargie de services, de produits ou d'autres avantages. S'miles appartient clairement à cette catégorie.
• Une autre famille se distingue par les exclusivités auxquelles elle permet de prétendre. La carte de Sephora est un exemple remarquable.
• Une dernière famille distribue de plus des privilèges ; le modèle Nespresso est l'un des plus aboutis.

Les diagrammes suivants donnent avec plus de précision le profil de chacune de ces familles en termes de *Earn* et de *Burn*.

Nous laissons au lecteur le soin de les examiner avec la plus grande attention.

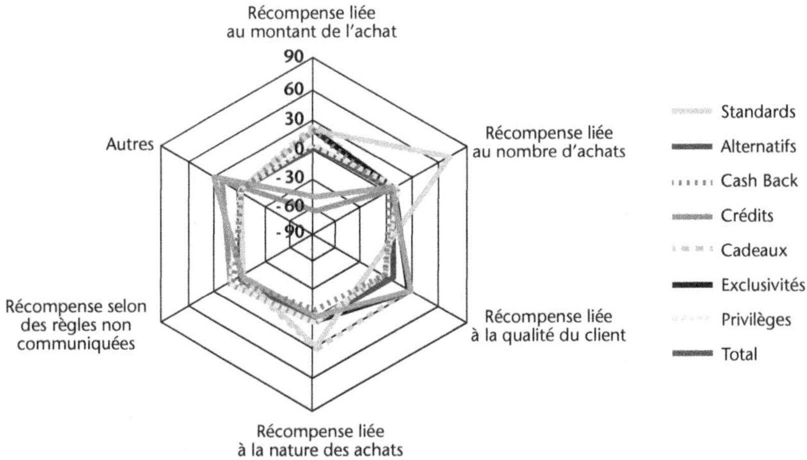

Figure 9.1 – Modalité de *Earn* (manière de gagner des gratifications)

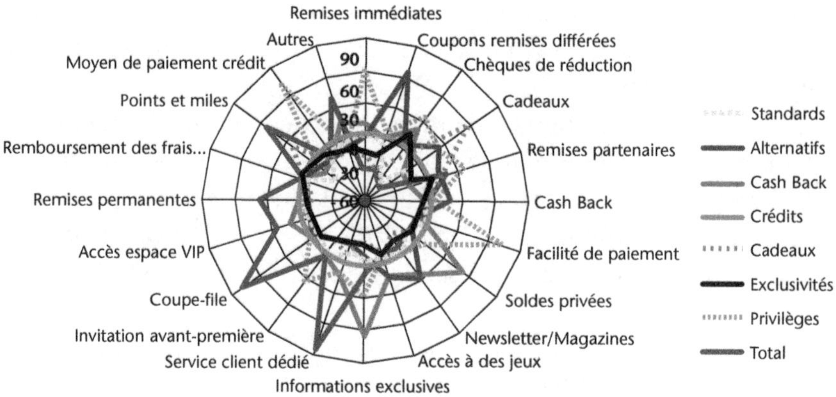

Figure 9.2 – Modalité de *Burn* (manière d'utiliser des gratifications)

On en conclura qu'en dépit de leurs différences, les sept familles ne se distribuent que sur une dimension qui va de la ristourne à la distinction. La logique des gratifications en reste de manière dominante à de simples remises différées, cette vieille technique de l'escompte. Une minorité joue la carte relationnelle en faisant de l'appartenance au programme un club véritable qui donne droit à un traitement privilégié. La débauche des techniques se serait-elle arrêtée devant le mur de la reconnaissance ?

Les différents types de programmes de fidélité

Les taux de détection des cartes de fidélité annoncée ici et là laisse à penser que de 160 à 250 millions de cartes sont diffusées dans la population française en 2011. Dans certains secteurs, tous les concurrents ont un programme : transport aérien, location de voiture, hôtellerie, distribution, cinéma. En revanche, ils sont moins systématiques dans le secteur bancaire, rares dans l'assurance, assez peu fréquents dans la restauration.

Les facteurs d'influences sont :

- la compétition,
- la fréquence,
- le volume des achats,
- l'opportunité de services additionnels,
- l'attachement à la marque.

Les cartes de fidélité client se décomposent en deux étapes, je gagne, je profite.

■ *Earn* (« les récompenses »)

La carte payante est une option assez fréquente qui témoigne d'une stratégie d'emblée sélective, mais on retrouve fréquemment des modèles à étages. Les modèles de masses uniformes sont plus rares.

Les gains peuvent être différenciés selon les catégories, ils récompensent l'achat mais pas toujours à travers tous les produits. Ils peuvent être obtenus dans un réseau ou uniquement dans le point de vente. Dans certains cas, ils sont associés à d'autres activités : le parrainage, des compensations d'incidents, ou simplement à la fréquentation de l'enseigne.

Le modèle dominant s'appuie sur une unité de compte : le miles, le smiles, le tooket.

Mais ils ne font pas que donner accès à une palette de services additionnels, ils sont aussi des signes de reconnaissance qui donnent droit à des privilèges : un accès à des informations émises avec plus ou moins de régularité, ils peuvent servir de mode de paiement, permettre de bénéficier d'un crédit.

■ *Burn* (« l'utilisation des récompenses »)

On sait depuis le cas Marionnaud que les points accumulés sont une dette de l'entreprise qui peut devenir considérable quand la créance n'est pas recouverte. On évalue à 900 millions cette valeur pour Air France.

Comment ces points sont-ils consommés ? En remise ? En cadeau ? En prime ? C'est naturellement la grande question.

S'ils avaient autrefois la forme de timbres à coller ou à imprimer, les années 2000 ont laissé s'imposer le modèle de la carte bancaire.

Un compte est associé à ce support, des accès Internet en permettent une bonne gestion plus souple que les anciens relevés périodiques.

Aujourd'hui c'est l'enjeu de la dématérialisation qui est posé. Code 2D, puce NFC, carte sans contact, application Smartphone.

Sous quelle forme sont les programmes de fidélités ?

Le Master MOI de Paris-Nanterre a réalisé en 2010 une étude ayant pour objectif un recensement des programmes les plus importants. La plupart de ces programmes (84 %) est matérialisée par une carte plastique. Mais la distribution de ce sésame n'est-elle pas trop large ?

Avec une grande majorité de programmes gratuits (environ 80 %), les consommateurs acceptent très facilement d'y adhérer sans même être un client régulier de l'enseigne ou de connaître les récompenses associées. Ce constat est d'ailleurs confirmé par les consommateurs. Les raisons de non utilisation ou de non présentation de la carte sont en effet :

- la faible fréquentation de l'enseigne qui nous a « vendu » une carte de fidélité (73 %) ;
- La faible attractivité des avantages offerts (62 %) ;
- La non possession au moment du passage en caisse (59 %) ;
- L'absence de souvenir ou de mémoire d'avoir une carte de l'enseigne (54 %) ;
- L'oubli de la sortir au moment de l'achat (43 %).

L'adhésion à ces programmes étant souvent sans limitation dans la durée, cela contribue aussi à accentuer le fait que le consommateur oublie qu'il est adhérent.

■ Comment accéder aux récompenses ?

Près de 70 % des récompenses sont liées au montant d'achat contre 24 % au nombre d'achat, 14 % à la nature de l'achat et seulement 10 % à la qualité du client !

En moyenne, pour près de 30 % des programmes, la valeur des récompenses attribuées représentent entre 1 et 5 % du montant des achats (60 % des programmes retiennent entre 1 et 10 % du montant des achats pour le calcul du montant des récompenses).

■ Quelles sont les récompenses ?

- 65 % des récompenses proposées sont des avantages transactionnels (dont les deux-tiers sont des réductions directes dans l'enseigne).
- 45 % sont des avantages financiers à utiliser dans l'enseigne.
- 5 % sont des remises dans des enseignes partenaires.
- 15 % sont des cadeaux.
- Seuls 35 % sont des avantages associés à du relationnel (service client dédié, newsletter, informations exclusives, traitement VIP...)

Le poids des récompenses de type transactionnel est encore plus marqué dans les programmes les plus représentés chez les consommateurs (hyper et beauté).

■ Le transactionnel dans les programmes fait-il toujours « recette » ?

Que ce soit la nature des récompenses ou la façon de les obtenir, la relation entre le client et l'enseigne est majoritairement « financière ». On ne peut que constater l'inadéquation avec les préférences des clients. Les préférences des clients sur la construction des programmes de fidélité sont les suivantes :

- Tenir compte de ma fréquence de passage chez vous à 83 % des réponses (pas uniquement du montant de mes achats).
- Tenir compte de mon ancienneté pour 82 % des personnes interrogées (chaque année d'ancienneté me fait monter en grade).
- Je suis d'accord pour privilégier l'achat de certains produits ou rayons (67 %).
- Je veux bien gagner des points liés à un montant d'achat (60 %).

Les enseignes utilisent leurs programmes comme des leviers à finalité commerciale et non comme des outils de valorisation et de reconnaissance.

53 % des client(e)s ne se sentent pas « privilégiés » en adhérant aux programmes de fidélisation, seulement 9 % d'entre eux répondent de manière très positive à cette question. Et pour cause ! Près de 70 % des programmes n'intègrent pas d'indice qualité du client dans l'attribution des récompenses (pour les 30 % restant, la moitié des programmes répartit ses clients en trois segments des moins fidèles au plus fidèles). Le taux d'attribution d'une nouvelle carte en fonction du statut du client n'est donc que de 27 %.

À cette insatisfaction de « non reconnaissance » et à la banalisation des récompenses s'ajoutent également le problème de leur gestion. En moyenne près de 25 % des avantages recensés doivent être utilisés dans les 3 mois et ce taux est supérieur pour les enseignes les plus représentées comme la beauté par exemple (ou ce taux atteint près de 50 % !).

Les quatre raisons de non utilisation des avantages offerts sont les suivants :

- Le délai pour les utiliser est trop court (55 %).
- L'oubli du cadeau ou de l'avantage offert (48 %).
- L'oubli du document qui permet d'obtenir l'avantage (46 %).
- La faible attractivité des avantages (46 %).

Ce manque d'attractivité peut aussi être accru par le fait que le client ne peut pas toujours gérer librement ces avantages. 33 % des programmes imposent ainsi des règles de gestion et seulement 47 % permettent au client de gérer librement ses récompenses.

Dématérialisation des programmes de fidélisation

Une étude sur la « fidélité digitale » a été réalisée en 2012 afin de déterminer la perception et l'utilisation des programmes de fidélisation par les consommateurs avec le développement des nouvelles technologies.

1. Cartes de fidélité : tous les Français (ou presque) en sont équipés et près de la moitié les utilisent.

- 96 % de la population déclare avoir une carte de fidélité. En moyenne, les Français disent spontanément posséder plus de 5 cartes de fidélité.
- 81 % utilisent régulièrement les avantages auxquels ils ont droit dont 43 % très souvent, voire systématiquement !
- Seulement 1 Français sur 5 déclare ne pas les utiliser du tout.

2. L'oubli : un facteur déterminant dans la non-utilisation des récompenses.

- Près de deux-tiers des Français n'utilisent pas leurs récompenses uniquement parce qu'ils oublient (oubli tout simplement d'utiliser l'avantage ou oubli du document qui permet d'en bénéficier).
- Les délais trop courts d'utilisation sont une raison également invoquée par 57 % des Français.
- Et enfin, un point important à destination des enseignes : 1 consommateur sur 2 n'est pas intéressé par les avantages proposés !

3. Un client sur 2 ne se sent pas privilégié !

- Le sentiment de ne pas être privilégié est confirmé pour la moitié des clients !
- Ils estiment ne pas bénéficier d'un statut différenciant en tant qu'adhérent à un programme. La généralisation et la large diffusion se sont souvent soldées par une banalisation des programmes.

4. 2012 Le point de bascule : 1 Français sur 2 plébiscite le smartphone.

- 50 % des Français sont prêts à utiliser un mobile type smartphone comme support d'un programme de fidélité : 2012 serait donc l'année de l'équilibre annonciateur d'une évolution vers le 100 % digital ?
- Les autres supports évoqués comme les empreintes digitales ou la reconnaissance de la voix ne suscitent de l'intérêt que pour un tiers des interrogés.
- Avec un taux d'équipement de près de 50 % de la population, le smartphone (téléphone connecté à Internet) est déjà associé par les consommateurs à de nouveaux usages de masse dans le domaine de la consommation.

5. La dématérialisation des programmes de fidélité : une notoriété naissante

- Un peu plus de 1 Français sur 10 déclare connaître les programmes de fidélisation « dématérialisés ». Il est intéressant de noter qu'en citation spontanée, de nouveaux acteurs de la fidélisation comme FidMe et Fidall (connus pour leurs applications « porte-cartes virtuel ») émergent du lot au côté de grandes enseignes de la distribution comme Carrefour et Leclerc.

- Le nombre de citations reste néanmoins peu élevé aujourd'hui et démontre une très faible pénétration des programmes de fidélisation virtuels.

6. 7 % des Français ont déjà adopté le smartphone comme support d'utilisation de leurs programmes de fidélisation.

- 15 % des personnes équipées de smartphone, soit 7 % de la population ont déjà téléchargé un programme de fidélisation dématérialisé sur son téléphone.
- On retrouve les noms des principaux « nouveaux » acteurs, au milieu des enseignes ayant développé leur propre programme...

7. Les deux tiers de la population sont prêts à basculer vers le 100 % digital.

- Pour la population équipée de smartphone (soit environ 50 % des Français) et n'ayant pas encore téléchargé une application, le passage à la dématérialisation est inéluctable. Le concept est jugé attractif et il est accepté par 65 % d'entre eux.
- Sur la population entière, 63 % se sentent prêts à utiliser des programmes de fidélisation sur téléphone mobile. La révolution digitale est en marche... C'est la fin annoncée des cartes plastiques !

8. Le poids des habitudes encore bien présent.

- Même si une grande majorité de la population se dit prête à basculer vers la dématérialisation, 50 % préfèrent encore le plastique mais 25 % sont déjà conquis par le mobile et 25 % sont de futurs adopteurs.
- Le paysage est en train de changer et on pourrait parier que dans 2 ou 3 ans les chiffres seront inversés !

9. Une inertie d'usage malgré de nombreuses qualités reconnues au smartphone.

- Cité bien sûr comme étant le plus « moderne » et « innovant » à 76 %, le téléphone l'emporte sur les cartes plastiques.
- Par contre, le poids des habitudes pèse sur l'envie d'usage : dans 51 % des cas, les Français utiliseraient plus une carte qu'un smartphone. On note aussi l'expression de deux freins liés aux nouvelles technologies : le support physique l'emporte pour la sécurité (46 % contre 17 % pour le mobile) et l'aspect pratique (41 % contre 30 %).

Quel est le programme de fidélité idéal de demain ?

■ Christophe Benavent

Les programmes de fidélisation tels que nous les avons connus depuis 2000 sont en voie de disparition. Ils se sont banalisés dans l'esprit des consommateurs, ils sont un droit complémentaire à ce qu'ils achètent. Ils vont évoluer fortement dans trois grandes directions :

1. La mécanique simpliste des points doit être abandonnée au profit d'une véritable gamification, autrement dit un jeu subtil de récompense symboliques (les statuts) et de récompenses matérielles qui doivent jouer moins sur un cumul, que sur une stimulation continue qui ne porte pas que sur les achats, mais les multiples aspects du comportement : engagement, bouche à oreille, moments d'achats etc. La ré-élaboration de cette mécanique doit s'accompagner en profondeur d'une réflexion sur les motivations et plus encore sur la notion de *nudges*.
2. Les programmes vont connaître une tendance forte à la dématérialisation, ils se concrétiseront moins dans une carte qu'on présente que dans un compte que l'on consulte et que l'on gère. L'idéal est un programme sans carte, sans appli, sans rien qu'une identification – cela peut être la carte d'identité, de paiement. Quant au compte-client, il devient au-delà de son aspect monétaire, un véritable service. Dans un secteur comme la distribution, ne soyons pas étonnés si les cartes de fidélité se confondent aux *shopping list*, dans le transport il devient nécessaire de faire des miles une véritable monnaie de complément (et d'en limiter la décote).
3. Pour revenir à la question de l'affect, il va falloir aussi repenser les programmes sans le sens d'un dispositif conversationnel, d'en faire le moyen par lequel les consommateurs ont le sentiment non pas d'être privilégiés, mais d'être véritablement considérés : récompenser leurs avis, leurs suggestions, leurs idées et leur donner une place particulière dans l'entreprise semble être une nécessité.

■ Christian Barbaray

Le programme de fidélité de demain sera celui qui saura valoriser la transaction et la relation. Le pouvoir de la data est devant nous et les programmes de fidélité pourront nous reconnaître et nous parler.

Couplés à des programmes Internet, de réseaux sociaux, de services additionnels, de conciergerie, de communication digitale, nous pourrons être reconnus et traités selon un statut différencié et personnalisé.

Tout le monde ne saura pas combien d'étages comportera le programme de fidélité mais chacun sera flatté d'avoir quitté le rez-de-chaussée ! L'hyper-personnalisation est le défi des programmes de fidélité de demain, dématérialisés. Nous aurons une appli dans notre téléphone, le contact se fera « sans contact » et une start-up aura développé une « *Kill app* » qui rangera nos cartes de fidélité à côté des vieux lecteurs de cassettes audio.

■ Thierry Spencer

Un bon programme est d'abord un programme simple à comprendre, facile à utiliser.

Pour ce qui est de la facilité, à l'heure de la dématérialisation croissante des cartes, les clients attendent d'être reconnus sans présenter leur carte en plastique. L'évolution des technologies oblige les entreprises à améliorer la reconnaissance (que ce soit par le scan du code barre de la carte dans votre téléphone en caisse, la possibilité de vous retrouver depuis la caisse à partir de votre nom et bientôt de vous détecter tout court...).

S'agissant de la simplicité, le programme réussi est celui qui va faciliter la vie du client et lui permettre facilement d'être reconnu, de profiter de récompenses sans devoir réclamer.

En outre, un bon programme est un programme qui est en phase avec la marque, avec son positionnement, pas un gadget ajouté à un dispositif marketing.

Au-delà des techniques de récompense et de cumul de points, un client fidèle attend un traitement constant sur tous les canaux de relation client. Pour cela, les données du client doivent enrichir les sites Internet, ils doivent être rendus disponibles aux opérateurs au téléphone et permettre à ceux qui sont en face-à-face avec le client d'enrichir leur relation client. Les enseignes de distribution doivent se préparer à favoriser la reconnaissance des clients et la personnalisation de l'expérience en point de vente. Les techniques vont vite évoluer et, à condition que les clients ne perçoivent pas une intrusion gênante, l'environnement du client se personnalisera en fonction du lieu où il se trouvera et il sera sollicité selon sa position géographique et son statut.

On peut s'attendre demain à récompenser les clients pour leur participation, au-delà de leur chiffre d'affaire, leur fréquence de visite ou d'achat, c'est ce qu'on nomme le *levelling*. On a trouvé le terme marketing, il ne reste plus qu'à le faire ! Certains clients sont en effet très investis sur les médias sociaux, ils sont prêts à collaborer, créer, s'exprimer, échanger et être les ambassadeurs de la marque. Ce statut n'est pas encore reconnu à sa juste valeur, je fais le pari qu'il le sera dans un futur proche.

L'amélioration des programmes de fidélisation ?

L'efficacité des programmes de fidélité n'est pas toujours prouvée... Dans son ouvrage *Management de la fidélisation* publié en 2012, Lars Meyer-Waarden donne quelques directions possibles visant à « l'amélioration des programmes de fidélisation ». Les trois axes d'amélioration sont :

- une segmentation efficace ;
- une communication individualisée ;
- une variété de récompenses qui correspondent aux attentes des consommateurs.

Il souligne également qu'un bon programme doit tenir compte du cycle de vie du client car l'objectif ne sera pas le même à chacune des phases et il est important de bien gérer la relation pour renforcer le lien.

■ 1er cycle : l'acquisition

Le programme va aider à détecter parmi les clients ceux qui ont le potentiel à devenir bons clients. Il permet d'observer le comportement de chaque individu : panier moyen, le délai inter-achat. Le but sera dans un premier temps de stimuler l'achat.

■ 2e cycle : le développement

Pendant cette période le rôle des points est crucial pour encourage le ré-achat et le *cross-selling*. C'est un vrai facteur de stabilisation et de renforcement du lien. Là, le but est de développer le panier moyen et la fréquence des visites.

■ 3e cycle : la rétention

Cette phase va servir à maintenir la valeur des clients (panier, fréquence...). Pour renforcer l'attachement à la marque, les moyens seront plus souvent basés sur de l'information et feront plus intervenir le relationnel et l'affectif.

Pour le consommateur, le programme idéal est donc une source de promotions mais aussi de confort, d'offres individualisées et de plaisir.

Il faut l'accompagner dans tous ses cycles de vie en mettant en place des services adaptés comme par exemple un service réclamation. Si elle est mal gérée cela peut avoir une vraie incidence sur le comportement d'un client et sur celui de son entourage – puisque les consommateurs partagent aujourd'hui largement les informations via les nouveaux outils et les réseaux sociaux – surtout dans les secteurs où la concurrence est forte car il est facile de changer d'enseigne).

Aujourd'hui, il est d'autant plus difficile d'améliorer la rentabilité d'un programme car il en existe dans tous les secteurs et l'adhésion est souvent gratuite. Les clients accumulent les cartes sans vraiment changer de comportement d'achat (la fidélité est souvent polygame ou divisée). Ils ressentent souvent une saturation vis à vis des programmes de fidélisation, liée à une banalisation des avantages offerts.

■ Faut-il conserver un programme notamment dans les enseignes à faible implication ?

Même s'il ne fait pas progresser les ventes notamment sur du long terme, il est conseiller d'anticiper l'impact d'un arrêt de programme car cela peut conduire à un désavantage concurrentiel.

Aujourd'hui, un système de fidélisation est aussi un outil qui sert à maintenir ses ventes. Il peut également servir de détecteur d'insatisfaction et donc à pouvoir récupérer les clients mécontents. En prolongeant la relation entre l'entreprise et le client, il s'établit une relation de confiance qui atténue les insatisfactions temporaires.

En conclusion, le CRM doit être simple et souple pour être efficace : en fonction des informations individuelles des clients, il faut établir des actions avec des services adaptables pour une relation interactive, immédiate, ludique, éducative et pratique. Pour cela, il existe de nouveaux outils comme les TIC qui permettent d'individualiser la relation et qui sont moins onéreux.

Lars Meyer-Waarden choisit de conclure sur les outils du futur avec les technologies et les réseaux sociaux au service de la fidélisation. Le constat est évident : les programmes de fidélisation n'ont pas beaucoup d'éléments différenciateurs (ils sont plus dans l'imitation que dans l'innovation).

Aujourd'hui, la clé du succès passe par l'individualisation et une meilleure connaissance du client. Les TIC vont aider les enseignes à passer d'un marketing de masse à un marketing individualisé pour créer une relation forte entre le client et l'enseigne et donc mieux répondre aux attentes des consommateurs.

Dans la relation client, elles peuvent intervenir à tout moment : pendant le pré-achat avec une mise à disposition d'information et de post-achat en renforçant une expérience relationnelle. Elles permettent d'optimiser les informations sur les clients, de les impliquer dans une démarche interactive et collaborative de l'offre et d'entretenir une vraie expérience relationnelle et émotionnelle.

On entre dans l'ère du marketing interactif et du *customer empowerment*, c'est à dire donner du pouvoir au client dans sa relation avec l'enseigne. Il devient un élément incontournable de la communication de la marque car il intervient et peut influencer ses pairs. C'est une méthode valorisante pour les clients donc fidélisante.

■ Y a-t-il un programme idéal ?

Dans son ouvrage, Lars Meyer-Waarden ne donne pas la recette du programme idéal car chaque problématique d'enseigne est différente (selon son secteur d'activité, l'attachement des clients à la marque...).

Il est riche d'enseignements et à chacun de retenir au fil des pages les conseils qui lui permettra d'optimiser ses choix et de rendre son programme le plus différenciant et donc le plus efficace possible.

Focus

Le programme fidélité représente 54 % du CA de la FNAC

Interview de Mathieu Staat, directeur marketing de la Fnac

Nous avons étudié nos clients et les adhérents en particulier. Les chiffres montrent que les adhérents dépensent plus quand ils sont sur plusieurs canaux. Un client multicanal réalise ainsi un chiffre d'affaires 6 fois supérieur à un client monocanal Web.

Et nous avons regardé ce que faisaient les clients après être venus sur Internet : achat sur le site ou en magasin ? Nous sommes capables d'évaluer la rentabilité de nos actions de webmarketing sur le chiffre d'affaires Internet et en magasins. Le site est clairement pourvoyeur de trafic en magasin. Des synergies sont trouvées entre les canaux.

Notre réflexion en matière de connaissance client se traduit par 90 segments de clientèle, mis à jour dynamiquement tous les mois. »

» Nous sommes capables de piloter le marketing direct à partir des goûts des clients et des produits qu'ils n'ont pas encore acheté.
Notre objectif est d'accroître les passages caisse en magasin et sur le site, de fidéliser les clients et d'augmenter leur valeur, notamment au travers du programme de fidélité. Ce dernier représente 54 % de notre chiffre d'affaires

L'essentiel

- **Bien géré et bien construit, un programme de fidélité peut contribuer à une part importante de l'activité, mais il dépend essentiellement de son originalité, de son attractivité et de son intelligence relationnelle. Dans ce domaine, les vrais succès sont rares.**
- **Le développement du digital et la connexion avec les réseaux sociaux vont permette de dématérialiser la sacro-sainte carte plastique et contribuer à multiplier et faciliter son usage et la viralité des programmes.**
- **Notre smartphone nous accompagnera dans tous nos lieux d'achat et nous fera des offres personnalisées et géolocalisées. Pensez à recruter des *datas miner* !**
- **L'enjeu lié à la connaissance clients ATAP (*at any time in any place*) et à l'acquisition des données de transaction ouvre un nouveau terrain de jeu pour les hommes et les femmes du marketing client.**

Avis d'expert

Lars Meyer-Waarden, professeur agrégé des universités à l'IAE Toulouse et à l'École de Management Strasbourg

Programmes de fidélisation : comment conserver leur efficacité ? Un retour d'expérience sur 20 ans de recherche

Les programmes de fidélité sont anciens et remontent aux années 1980 avec l'apparition d'AAdvantage. Leur décollage et adoption massive par les firmes datent des années 2000. Ils se sont depuis répandus dans l'ensemble de la distribution et des entreprises de services, perdant de ce fait leur capacité »

» distinctive avec le cercle infernal de l'imitation même si leur efficacité a toujours été limitée.

Si l'on observe les pratiques des entreprises, on constate que les sommes consacrées aux programmes de fidélisation sont considérables.

Dans le secteur de la distribution en Europe, les 16 plus grandes enseignes dépensent à elles seules plus d'un milliard de dollars dans de tels programmes. Or trop souvent, des programmes sont lancés sans lien avec une stratégie pertinente de meilleure connaissance réciproque client-entreprise. Leur rentabilité semble plus qu'aléatoire et l'absence de réflexion stratégique leur interdit toute pérennité. Dans une période de crise économique où ils représentent un coût élevé pour les entreprises, grande est ainsi la tentation d'en réduire les avantages, d'en durcir les conditions, et par conséquent grand est le risque d'en réduire encore les attraits. Ces programmes demeurent cependant stratégiques dans certains secteurs (notamment ceux des services et ceux caractérisés par une forte hétérogénéité de clients) et leur gestion réclame une attention toute particulière, d'autant plus que l'évolution technologique en font migrer le support dans le monde digital. Des questions essentielles se posent alors au fur et à mesure de la multiplication des programmes de fidélisation et de la généralisation de l'approche de marketing client :

- Impact des programmes de fidélisation sur le comportement d'achat et de fidélité.
- Est-ce que les programmes de fidélisation modifient le comportement d'achat des consommateurs ?

Pour répondre à ces questions, des recherches ont été réalisées :

- à l'aide d'un croisement du panel single source de BehaviorScan de la zone d'Angers,
- auprès de 2 400 porteurs de cartes de fidélité d'une grande enseigne,
- plus de 2 millions de transactions enregistrées,
- plus de 3 ans d'historique d'achat,
- 12 mois avant et 24 mois après adhésion au programme de fidélité,

Sur ces données, des analyses économétriques (analyse de variance à mesure répétée, régressions, analyse de survie) ont été appliquées. L'efficacité des programmes de fidélisation n'est pas garantie, elle est même faible. Ces programmes ne provoquent pas ou peu les changements de comportement d'achat favorables. Ils n'aboutissent pas à une augmentation significative

- du panier moyen et total ;
- du taux de nourriture dans le magasin ;
- de la fréquence de visite ;
- du nombre de magasins visités ;
- de la durée de vie ;
- de la probabilité de survie ;
- d'une diminution des taux de changement ou d'infidélité tant espérés.

À cela s'ajoute que les effets faibles ne sont que temporaires et s'estompent au bout de 6-9 mois pour des raisons d'érosion de motivation pour des récompenses souvent de faible valeurs ou à temps d'acquisition trop longue. »

» Que pensent les consommateurs des programmes de fidélité ?

Des enquêtes réalisées entre 2006 et 2012 auprès de 2 100 utilisateurs de programmes de fidélisation dans différents secteurs (banque, commerce/distribution, télécoms, transports, voyages, loisirs) donnent des éléments de réponse.

La prolifération de ces programmes est aujourd'hui une des causes majeures de leur peu d'efficacité, car, s'ils donnaient l'impression autrefois aux acheteurs d'être d'heureux élus, ils ne font plus guère rêver, et les cadeaux offerts sont la plupart du temps décevants.

La prolifération des programmes de fidélité détruit une des raisons principales de la fidélité, la différenciation. La très forte pénétration des programmes de fidélisation témoigne de l'importante maturité voire saturation du marché.

Plus de 98 % des Français possèdent au moins une carte de fidélité d'un programme de fidélisation de la grande distribution alimentaire, spécialisée ou du transport (en moyenne 9 cartes de fidélité ; 60 % possèdent entre 3 et 10 cartes de fidélité). À cela s'ajoute le fait que le marché de la fidélisation est plus caractérisé par l'imitation que par l'innovation et qu'il manque cruellement d'éléments différenciateurs.

Si la valeur monétaire des programmes est jugée de manière relativement satisfaisante, les valeurs fonctionnelles, informationnelles, hédonistes et relationnelles sont, en revanche, jugées médiocres.

Les porteurs de cartes se font plaisir quand ils échangent leurs points mais cet échange n'est pas à la hauteur de leurs attentes. Ce sont des cadeaux qu'ils ne désirent probablement pas ou qui offrent une trop faible valeur ajoutée. Aussi ces récompenses ne correspondent-elles pas à leurs besoins qui sont, par nature, extrêmement hétérogènes.

Les capacités de fidélisation des programmes actuels sont donc très faibles. D'un point de vue théorique, l'inefficacité peut s'expliquer par des systèmes de récompenses prévalants qui ne procurent pas suffisamment de bénéfices.

L'effet « comportement récompensé » lié aux récompenses faibles en valeur n'est pas présent pour influencer le comportement d'achat de manière forte et durable.

La plupart des acheteurs reviennent à leurs habitudes précédentes, car la principale raison d'achat disparaît brusquement une fois la gratification acquise.

Les programmes créent ainsi un renforcement comportemental à court terme et n'influencent pas des changements à long terme sur la persuasion, les attitudes et l'engagement.

Chapitre 10

Avis clients et réputation

Executive summary

- ▸▸ **Le développement** des « médias sociaux » au cours des dix dernières années a donné lieu à un nouveau pouvoir d'influence et de nuisance des clients sur Internet.
- ▸▸ **La viralité du Web** est devenue plus puissante que celle des investissements publicitaires, capable de booster ou de détruire des marques et des produits.
- ▸▸ **Les avis et la recommandation** sont devenus à la fois un nouveau secteur très dynamique de l'économie et une menace pour les marques.
- ▸▸ **Vous ne pouvez pas empêcher** la diffusion de ces messages désagréables et négatifs et devrez « faire avec » et les utiliser à bon escient, à la fois en contrôlant la qualité de votre expérience client et en exploitant vos propres outils de publication d'avis clients.
- ▸▸ **Vous verrez** que les avis les plus virulents ne sont pas les plus dangereux et saurez reconnaitre les éléments sur lesquels les lecteurs jugent de la crédibilité des avis publiés.

La recommandation : premier média de confiance des clients

Selon la dernière étude Nielsen[1], 84 % des consommateurs dans le monde disent faire confiance aux médias de proximité tels que le bouche à oreille, les recommandations de la famille ou des amis... plus que toute autre forme de communication.

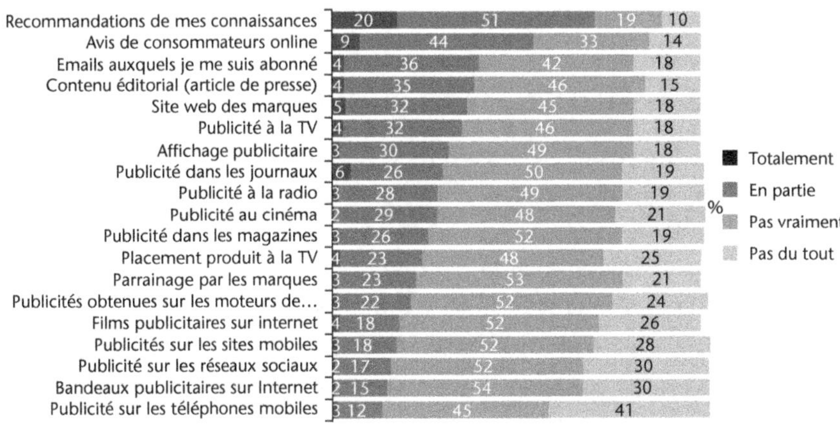

Figure 10.1 – Recommandation : le premier en confiance

On retrouve cette confiance chez les consommateurs français :

- les recommandations des connaissances ressortent en tête de liste avec 71 % ;
- les avis de consommateurs en ligne sont en seconde position avec 53 % des sondés qui leur accordent du crédit ;
- la consultation des sites Web des marques représente la seconde forme de publicité digne de confiance (pour 69 % des consommateurs au niveau mondial).

Pour créer de la confiance n'investissez pas que dans les budgets publicitaires, investissez dans vos clients !

Les médias traditionnels tels que la publicité à la télévision sont en augmentation de 6 points à 62 %, et les magazines de 4 points. En revanche, la confiance en la publicité dans les journaux a baissé de 3 points depuis 2007 (à 61 %).

1 Source : Étude Nielsen de novembre 2013 sur la confiance dans la publicité. 29 000 internautes, 58 pays.

La confiance en la publicité en ligne est en forte progression dans le monde, mais à un niveau toujours modéré en France. Plus de la moitié des répondants (56 %) disent faire confiance aux e-mails publicitaires auxquels ils ont souscrit, en augmentation de 7 points par rapport à 2007 et 48 % à la publicité vue sur les moteurs de recherche. Les publicités visibles sur les pages de résultats des moteurs de recherche inspirent confiance à 25 % des Français, en augmentation d'un point par rapport à 2007.

Les trois influences des avis clients

Les avis, les opinions clients, le bouche à oreille... quel que soit le terme, les trois effets sont les mêmes :

- ils aident à la création d'une image favorable de la marque ;
- ils influencent le choix de la marque ;
- ils impactent la qualité de la relation à la marque en termes de confiance, d'attachement affectif et d'engagement.

Les études sur le bouche à oreille hors ligne ont souligné l'asymétrie des réactions. Anderson, dans ses recherches, a ainsi mis en évidence une relation en forme de U entre satisfaction et bouche à oreille qui résulterait de fortes satisfactions ou insatisfactions. Il montre que les individus dont l'évaluation post-achat est fortement négative ou fortement positive contribueront davantage aux évaluations en ligne sur les réseaux sociaux que les individus avec un avis modéré. Le bouche à oreille a été de tout temps un élément de la notoriété et de l'image des marques.

Plus de bouches – mais un clavier –, plus d'oreilles – mais un écran –, et le discours se trouve amplifié ! Avec les réseaux sociaux, le « e-bouche à oreille » a vu sa puissance de feu multiplié par 100 ! Il influence indirectement les attitudes et les comportements des consommateurs et impacte indirectement les ventes des produits. Les études sur le « e-bouche à oreilles » ont identifié trois dimensions principales dans le pouvoir d'influence[1] :

- le volume (nombre de messages postés) ;
- la dispersion (diversité des communautés touchées) ;
- la tonalité (degré positif ou négatif du message).

1 Source : Gilles Séré De Lanauzeco, « Le bouche à oreille négatif. Effets de la virulence et de la crédibilité des messages des internautes sur les marques », *Revue française du Marketing*, mars 2014, n° 246.

Selon les marchés concernés, les trois facteurs n'ont pas la même influence.

La force de votre marque : sa réputation

Contrairement à la croyance populaire, et à ce que l'on apprend dans les écoles de commerce, la force d'une marque ce n'est pas son nom, son logo, ses publicités ou sa puissance d'innovation, la force d'une marque c'est avant tout sa réputation. L'expérience client positive est le seul carburant de votre réputation ! Que vous soyez une petite entreprise ou une multinationale, c'est votre réputation qui va créer le niveau de confiance nécessaire au développement de votre activité.

Ce sera plus difficile si vous êtes une multinationale multi-produits qu'un artisan au niveau local, mais les mécanismes de la construction (et de l'entretien) de la confiance de vos clients reposeront sur les trois mêmes facteurs :

- crédibilité ;
- intégrité ;
- bienveillance.

C'est la somme de ces trois valeurs qui sera portée par vos clients et vos prospects. Ces trois valeurs construisent votre réputation ! Ce sont les perceptions de vos clients, la somme de toutes les interactions et des expériences avec votre entreprise qui vont créer ce capital de confiance et construire votre réputation.

Votre réputation est toujours relayée par trois supports :

- vos collaborateurs ;
- vos produits ;
- vos services.

Les études de satisfaction et de fidélité clients vous donneront un suivi régulier de vos points forts et de vos points faibles dans ces trois domaines.

Les études et l'écoute de vos clients vous apprendront également :

- les raisons pour lesquelles on vous recommande ou pas ;
- les motivations pour lesquelles on rachète ou pas.

Contrairement à ce que l'on croit, la réputation est devenue une matière encore plus sensible à l'âge d'Internet et des réseaux sociaux :

- plus d'information ;
- plus de médias ;

- plus de réactivité ;
- plus de pouvoir ;
- plus d'audience ;
- plus de concurrence.

Nous sommes entrés dans ce nouvel âge du « Plus/Plus » où les marques auront besoin de « plus de réputation » pour se développer. Dans notre société de l'immédiateté, personne ne prendra le temps de vérifier si votre réputation est meilleure que ce que l'on en dit.

La réputation d'une entreprise impacte la satisfaction client

Une étude internationale commanditée par Weber Shandwick démontre que la réputation d'une entreprise revêt une importance cruciale dans l'acte d'achat des produits et dans la satisfaction des consommateurs. Ainsi, 70 % des personnes interrogées déclarent éviter d'acheter les produits d'une entreprise qu'ils n'aiment pas.

L'étude « *The Company behind the Brand : In Reputation We Trust* »[1] illustre bien le contexte de consommation complexe auquel doivent faire face les experts : réputation d'entreprise et satisfaction clients sont liés !

Elle identifie six points clés qui révèlent un environnement où le consommateur n'achète plus les produits en fonction de la réputation de l'entreprise qui les fabrique :

1. La marque-entreprise est aussi importante que la/les marque(s) produit(s).
2. La réputation d'entreprise offre aux produits une garantie de qualité.
3. Toute rupture entre la réputation de l'entreprise et celle de ses produits déclenche une vive réaction chez les consommateurs.
4. Les produits sont en tête des sujets de discussion ; la réputation n'est pas loin derrière. Les actions négatives éclipsent les actions positives.
5. Les consommateurs se forgent une opinion de manière immédiate sur la réputation des entreprises.
6. La réputation d'une entreprise participe à sa valeur de marché.

Pour les consommateurs, comme pour les dirigeants d'entreprises, la réputation d'une entreprise est perçue comme plus importante que

1 Étude KRC Research novembre 2011, 1 375 consommateurs et 575 dirigeants sur quatre marchés : États-Unis et Royaume-Uni – Chine et Brésil.

des résultats financiers positifs. L'étude démontre que les consommateurs veulent avoir la garantie que leur argent est dépensé dans des produits fabriqués par des entreprises qui partagent leurs valeurs. Ils ont des attentes plus élevées qu'avant envers les entreprises et les marques qu'ils aiment, et ils n'hésiteront pas à leur tourner le dos s'ils sont insatisfaits ou induits en erreur.

Les cinq critères[1] sur lesquels les internautes jugent de la véracité d'un avis

Dans un climat de suspicion de plus en plus fort sur les « faux avis », les internautes se fient en fait à cinq critères pour juger de la véracité d'un avis en 2013 :

- La façon d'écrire : 63 % (contre 44 % en 2012).
- La présence de commentaires positifs et négatifs : 56 % (58 % en 2012).
- La preuve que l'auteur a fait l'expérience de ce qu'il juge : 42 % (36 % en 2012).
- La date de l'avis : 35 % (28 % en 2012).
- Les réponses à des questions précises (utilisation d'un questionnaire) : 34 % (31 % en 2012).

Combien faut-il lire d'avis pour se faire une opinion ?

- 39 % trouvent nécessaire de lire entre 6 à 10 avis ;
- 21 % entre 2 et 5 avis ;
- et 21 % entre 11 et 20 avis.

Une majorité des personnes interrogées ont déjà déposé un avis en ligne : 60 % ont écrit au moins un avis au cours des 12 derniers mois ; 44 % estiment qu'il est préférable de déposer un avis sur un site marchand qui fait appel à un tiers de confiance pour traiter les avis.

Les avis les plus virulents ne sont pas les plus nuisibles

Quelle est la crédibilité et le pouvoir de nuisance des opinions et des avis clients sur le Web ? Une étude[2] sur du contenu présent sur le Web à propos de la marque Actimel a permis de mettre en évidence que les

1 Source : Baromètre Testntrust & Easypanel, août 2013, 1 048 personnes.

2 Source : Gilles Séré De Lanauzeco, « Le bouche à oreille négatif. Effets de la virulence et de la crédibilité des messages des internautes sur les marques », *Revue française du Marketing*, mars 2014, n° 246.

messages les plus virulents n'étaient pas les plus nuisibles. En effet, ils impactent et dégradent moins la confiance et l'attachement à la marque que les messages moins virulents.

- *Craignez plus les billets « sérieux », ce sont ceux qui ont le plus d'impact !*

Ce résultat est a priori contre-intuitif car on peut penser que la virulence d'un discours découle d'une intention plus marquée de l'émetteur de nuire à la marque. Il semble que le lecteur perçoive cette virulence comme le signe d'un « coup de gueule » peu réfléchi, partial et non stable dans le temps. L'objectivité des arguments est donc mise en doute, les intentions de l'émetteur deviennent suspectes.

La virulence des discours négatifs apparaît comme une dimension inoffensive, voire favorable à la marque en ce sens qu'elle en décrédibiliserait le contenu.

- *Les messages les plus virulents ne sont donc pas les plus nuisibles à l'image de marque !*

La crédibilité perçue du billet impacte très fortement la dégradation de la confiance et de l'attachement envers la marque.

Les huit éléments sur lesquels nous jugeons la crédibilité d'un avis client[1]

La crédibilité du message sur Internet est un facteur important dans son impact médiatique. Celui-ci est jugé au vu des huit éléments suivants :

- la proximité perçue vis-à-vis de la source ;
- la pertinence avec la problématique évoquée ;
- l'exhaustivité perçue du contenu ;
- la présence d'éléments de preuve ;
- une démonstration rationnelle et logique ;
- l'appui de références reconnues, voire scientifiques ;
- l'émetteur du message, son profil ;
- l'implication personnelle du rédacteur ou son expérience vécue.

Ces huit éléments influencent l'acceptation et l'adoption des avis des consommateurs en ligne et renforcent la crédibilité de l'argument.

1 Source : Gilles Séré De Lanauzeco, « Le bouche à oreille négatif. Effets de la virulence et de la crédibilité des messages des internautes sur les marques », *Revue française du Marketing*, mars 2014, n° 246.

Sur le plan opérationnel :

- surveillez les prises de parole sur votre marque sur le Web (des outils existent) ;
- nourrissez les débats avec des preuves et des références positives ;
- ne tentez jamais de censurer les manifestations d'agressivité (effet Streisand).

Les huit motivations[1] des clients pour publier des « avis clients »

En s'appuyant sur l'étude de 731 récits d'expériences de consommation récoltés selon la méthode des incidents critiques, Sundaram, Mitra et Webster ont mis en lumière les huit motivations au bouche à oreille.

Quatre sont liées au bouche à oreilles positif :

- altruisme ;
- implication pour le produit ;
- auto-valorisation ;
- aide à l'entreprise.

Quatre sont liées au bouche à oreilles négatif :

- altruisme ;
- réduction de l'anxiété ;
- vengeance ;
- recherche d'avis.

Les six façons de transformer les avis clients en appui marketing

Les avis clients ne sont pas que des complications à gérer, sur lesquels vous rouspétez que c'est « n'importe quoi » et que « n'importe qui peut prendre la parole ».

- *Une fois que vous vous êtes bien soulagé, passez à l'acte !*

■ Comment transformer les avis clients en appui commercial et marketing ?

Voici la liste des six façons de valoriser les avis de vos clients pour en faire venir d'autres :

1 Source : Gilles Séré De Lanauzeco, « Le bouche à oreille négatif. Effets de la virulence et de la crédibilité des messages des internautes sur les marques », *Revue française du Marketing*, mars 2014, n° 246.

1. Rappelez à vos clients de partager leur expérience, dites-leur que cela vous aidera à vous améliorer encore !
2. Proposez une enquête de satisfaction dont les évaluations iront automatiquement alimenter votre site Internet (des outils existent).
   - Vous aurez plus de monde !
   - Les avis seront très majoritairement positifs (plus de 80 % de satisfaction en moyenne).
   - Vous aurez des avis « frais » de la semaine précédente, qui seront donc plus forts vis-à-vis des lecteurs.
3. Proposez en fin de votre enquête de satisfaction d'aller donner son avis sur une liste de sites de votre choix (TripAdvisor/Zoover/etc.). Certains outils d'enquêtes satisfaction permettent de ne rediriger vers les sites extérieurs que vos clients très satisfaits...
4. Gardez un œil attentif sur tous les commentaires et surveillez les tendances.
5. Choisissez-en quelques-uns pour y répondre, en particulier les retours négatifs.
6. Mettez un ordinateur en libre-service dans votre salle d'accueil avec la page Facebook de votre établissement. Les clients pourront la voir, partager et relayer vos billets et publier les leurs !

■ La bonne gestion des avis négatifs

Les avis négatifs n'ont pas que des effets néfastes. À travers vos réponses, en reconnaissant certains dysfonctionnements, vous confirmez votre volonté d'amélioration ou les actions prévues.

- *Vos clients ne vous en veulent pas de vos erreurs, ils vous en veulent de ne pas les réparer !*

Une réclamation c'est un cadeau que vous fait votre client ! Il attend donc un retour. Et au final, un client pour lequel vous avez réglé un problème est un client plus satisfait que celui qui n'a jamais rencontré de problème !

■ Valorisez les avis positifs !

Quant aux avis positifs, n'hésitez pas à répondre à ceux qui ont souligné un détail important ou un ressenti personnel particulier. Vous mettrez ainsi en avant un sujet que d'autres clients n'auront pas vu.

Les clients à la recherche d'un bon plan ne se focalisent pas uniquement sur le nombre d'avis positifs ni sur le nombre des étoiles. Les commentaires, les expériences des autres – et la façon dont vous vous impliquez dans ces échanges – vont être des signaux forts de votre qualité d'écoute, de volonté de « bien faire » et de trouver des solutions...

Les cinq motivations des clients pour rédiger un avis

82 % des consommateurs font confiance aux avis et recommandations sur le Web. Et cela monte à 90 % si cela vient de leurs relations (étude Nielsen 2012).

- *La majorité des consommateurs lisent les avis, mais seuls 16 % en écrivent !*

Contrairement à ce que l'on pense, les commentaires des internautes ne viennent pas naturellement. Un livre paru aux États-Unis énumère les cinq motivations principales :

- par altruisme (envie d'aider les autres) ;
- par esprit de justice (punir une entreprise décevante) ;
- par réciprocité (récompenser la performance) ;
- pour la reconnaissance sociale (se distinguer sur les réseaux sociaux) ;
- par intérêt personnel (se positionner en tant que connaisseur d'un domaine).

Parmi toutes ces raisons, la motivation pour la récompense sociale représente un facteur de taille. À titre d'exemple, le site français lafourchette.com valorise les évaluateurs les plus actifs en donnant un statut qui va de « gourmet/peu d'avis » à « gastronome/beaucoup d'avis ». Lorsque vous êtes reconnu comme « gastronome », votre statut est au plus haut et vous incite à revenir passer commande sur le site et à exprimer régulièrement votre opinion...

- *Servez-vous des avis clients pour faire votre communication, vos relations publiques et votre image de marque !*

L'effet viral du Web c'est 1/9/99 : pour 1 personne qui écrit, il y en a 9 qui vont relayer à leur réseau, et au final 99 qui vont lire !

Comment éviter les « faux avis clients » sur Internet et en créer des vrais ?

Plutôt que de subir les mauvais avis, il vaut mieux les maîtriser !

La saison dans l'hôtellerie de plein air et le secteur du tourisme n'est presque pas terminée, encore quelques semaines avant de goûter à un repos bien mérité. Mais avant, il faut s'assurer d'une chose pour préparer la prochaine saison : recueillir les avis des clients de la saison en cours et les transformer en envie de venir pour l'année prochaine !

- *Vos succès de demain vont se jouer sur les avis que vos clients d'aujourd'hui laissent sur les sites et les réseaux sociaux !*

Le rôle des médias sociaux est devenu prépondérant dans la façon dont les gens cherchent leurs destinations de vacances, dont ils s'informent et dont ils prennent leurs décisions via les avis des autres touristes. Le revers de la médaille de la montée en puissance des réseaux sociaux est le développement

- de « mauvais avis non souhaités » ;
- ou de « faux avis ».

Ainsi, 83 % des internautes sont de plus en plus sceptiques sur les commentaires trouvés sur Internet.

Indépendamment des risques liés à de mauvaises pratiques, les avis clients sont un enjeu majeur pour les entreprises comme le révèle une étude récente[1].

92 % des clients disent accorder pleine confiance à des avis venant de leurs proches, de leur entourage, plus qu'à toute autre forme de publicité ! 70 % des clients reconnaissent faire confiance aux avis déposés par des vrais clients

Le bouche à oreille est le plus vieux média du monde. Le secteur de l'hôtellerie et de l'HPA est devenu en quelques années très dépendant du « e-bouche à oreilles ». Plutôt que de subir des mauvais avis, il vaut mieux les maîtriser via deux règles :

- Faire une enquête de satisfaction de fin de séjour, c'est s'assurer que seuls des « vrais clients » répondront.
- proposer aux clients de déposer leurs avis sur Internet (sur la page Internet/Facebook du camping ou un site d'avis).

Et comme plus de 80 % de clients sont satisfaits, les avis que vous allez récupérer seront majoritairement très positifs ! Pourquoi ne laissez la parole qu'aux mécontents et vous faire du mal inutilement ?

Cette technique « étude + avis » a commencé à se développer il y a quelques années dans les sites d'e-commerce. Ils ont été les premiers à comprendre l'intérêt de coupler « enquête de satisfaction à tous les clients + publication d'avis automatiques ». En 2/3 ans ces techniques ont été mises à disposition des acteurs du monde du tourisme.

1 Source : WAYN – World Travel & amp ; Tourism Council/Stikky media.

Une étude réalisée en 2013 dans l'univers des campings en France avait démontré que grâce à la réalisation du couplage « étude + avis », la proportion d'avis positifs sur un grand site d'avis avait augmenté de plus de 80 % pour les campings qui l'avaient adopté.

Focus

BMW : un mix intelligent entre étude satisfaction et avis conso

On est en train d'assister à un mix entre les outils de mesure de la qualité de service et les avis consommateurs. Le Web et les avis consommateurs ont donné un nouvel élan à l'utilisation de l'opinion des clients et sont intelligemment utilisés avec un enjeu commercial évident.

Comment ça marche ?

Les sites s'en servent dorénavant comme un élément de confiance dans la relation client, le service étant de plus en plus un élément différenciant. Il faut bien entendu éviter les abus et les faux avis.

Le groupe BMW est précurseur en ce domaine avec son nouvel outil qui mixe enquêtes en ligne (classique) et publication d'avis conso (nouveau) qui montre ce qu'il faut faire…

Méthodologie

L'enquête de satisfaction est d'abord envoyée par courrier électronique avec la possibilité d'écrire quelques lignes (200 caractères) qui sont ensuite directement diffusés tels qu'ils ont été rédigés sur le site de la concession.

Principe du système d'évaluation

- Pour chaque avis exprimé, le site affiche la note d'évaluation globale de 1 à 5 étoiles et le commentaire associé.
- La note globale et le nombre d'étoiles affichées correspondent à la moyenne des avis exprimés lors des 90 derniers jours.
- Le site se réserve le droit de ne pas publier un commentaire jugé inconvenant.
- Les avis exprimés sur le site internet du Concessionnaire sont toujours publiés de façon anonyme.
- Après deux semaines sans réponse, les clients sont contactés par téléphone.
- Tous les retours sont centralisés pour établir le *reporting*.
- Un service a pour rôle de modérer les commentaires. Il n'y a aucune correction faites aux commentaires (les fautes d'orthographe apparaîtront telles qu'elles ont »

» été écrites) mais il s'agit d'écarter les messages à caractère nominatif, injurieux ou raciste.

– Le client donne ensuite son accord, ou non, de diffuser ses commentaires, avec la possibilité d'apparaitre anonymement.

– Un bilan des réponses apparaît ensuite sur la page d'accueil de la concession avec la moyenne des réponses à la question « Êtes-vous globalement satisfaits de la prestation ? » en séparant les résultats des réponses « ventes » et « après-ventes ».

Le mix « études + avis » augmente de plus de 80 % les évaluations positives sur les sites d'avis

Nous avons eu l'occasion de réaliser une étude sur l'impact des avis publiés sur TripAdvisor suite à une invitation en fin d'un questionnaire de satisfaction.

La solution Sat Tools est un outil de mesure de la satisfaction client utilisé par les campings. Le questionnaire est adressé aux clients en fin de séjour. En plus des réponses classiques (satisfaction, point forts, points faibles, attentes, questions ouvertes, etc.) il invite très simplement les clients à aller partager leur expérience sur les principaux sites d'avis en ligne

- Tous les clients quel que soit leur évaluation.
- Sans aucun cadeau, prime ou avantage.

Conclusion : étude Satisfaction + Invitation avis = plus 82 % d'avis positifs sur Trip Advisor ! Cette étude[1] test a été menée pour un parc d'une trentaine de terrains de campings. Pour la saison 2013, ces 30 campings ont obtenu 24 500 réponses de leurs clients (soit 817 réponses clients en moyenne) à leur enquête de satisfaction envoyée à la fin du séjour. Pour ces 30 terrains, nous avons compté les avis publiés sur TripAdvisor durant deux années 2012 (sans invitation) et 2013 (avec invitation) et les avons classés en trois catégories :

- Avis positifs : avis notés « excellent » ou « très bon » sur le site.
- Avis mitigés : avis notés « moyen » sur le site.
- Avis négatifs : avis notés « médiocre » ou « horrible » sur le site.

Nous avons ensuite calculé l'écart entre le nombre d'avis entre 2012 et 2013.

1 Ces chiffres sont issus de l'étude « Sat Tools Camping » 2013 pour 79 terrains de camping. 46 000 réponses clients. Enquête en fin de séjour.

Tableau 9.1 – Nombre d'avis obtenus par les campings en comparatifs de deux années

Avis clients	2012	2013	Évolution (2012 > 2013)	
			Valeur	% sur 2012
Positifs	11	20	9	82 %
Mitigés	3	4	1	33 %
Négatifs	3	3	0	0 %
Total	17	27	10	59 %

Les résultats sont dans le tableau ci-dessus. La conclusion est claire : il y a plus d'avis positifs :

- Une étude satisfaction + invitation à donner son avis = plus 82 % d'avis positifs sur les sites d'avis.
- On est passé (en moyenne par camping) de 11 avis positifs à 20 avis positifs entre 2012 et 2013.
- On a également augmenté le volume global d'avis publiés de 59 % entre les deux années (avec et sans invitation)

Il s'agit d'avis de « vrais clients » qui s'expriment à la fin de leur séjour et à qui vous demandez simplement d'aller donner leur avis sur un site tiers.

- Les avis mitigés et négatifs n'ont presque pas bougé, entre 3 et 4 avis en moyenne dans ces deux catégories.
- Il n'y a pas plus de mécontents, ils se sont exprimés de la même façon, mais on constate une valorisation des avis positifs.

Cette solution respecte les contraintes de la Norme « Avis Clients AFNOR » puisque ce sont de vrais clients qui ont répondus.

Tableau 9.2 – Taux de satisfaction publié sur le site d'avis

Moyenne	2013	%
Avis positifs	20	74 %
Avis mitigés	4	15 %
Avis négatifs	3	11 %
Total	27	100 %

Cette nouvelle distribution des opinions dans les avis publiés donne donc les taux de satisfaction suivants pour 2013 (tableau 9.2) :

- un taux positif à 74 % de satisfaits ;

- un taux « mitigé » de 15 % ;
- un taux « négatif » de 11 %.

Par ailleurs, l'étude des réponses des 24 500 clients de ces 30 campings donne un taux de satisfaction de 90 % (entre 78 % et 97 % selon les terrains). Si on considère que 11 % des avis de 2013 sont négatifs, on obtient donc un taux de 89 % d'avis « mitigés et positifs ». Ce chiffre est assez proche du chiffre obtenu par la mesure de l'opinion des clients. Avec le couple « étude + invitation » les sites d'avis donnent enfin une image plus proche de votre « vraie » qualité de service.

On peut donc conclure que l'usage des deux démarches « étude + Avis » permet de publier un taux de satisfaction plus proche de la réalité mesurée que le seul poids des avis spontanés.

Les six postulats sur les avis et la satisfaction des clients

1. Seuls 16 % des consommateurs rédigent spontanément des avis en ligne.
2. Ce sont souvent les plus mécontents qui trouvent via ce canal un moyen de se défouler.
3. Ceux qui font des enquêtes de satisfaction auprès de leurs clients constatent un taux de satisfaction plus fort.
4. Les avis « spontanés » donnent donc une vision fausse de la vraie qualité de service.
5. Pourquoi ne pas utiliser les enquêtes de satisfaction clients pour rétablir la vérité des avis consommateurs ?
6. 82 % des lecteurs font confiance aux avis, autant rétablir la vérité.

Trois conclusions opérationnelles :

1. Utilisez des études de satisfaction.
2. Invitez, dans la foulée, vos clients à publier leur avis !
3. Les sites donneront des chiffres plus représentatifs de la vraie qualité de service de votre établissement.

Les entreprises et les avis clients ?

Les commentaires négatifs publiés sur les réseaux sociaux peuvent nuire à la réputation d'une entreprise.

- 21 % des internautes ont déjà critiqué une entreprise sur les réseaux sociaux.
- 72 % des internautes français souhaitent une relation privilégié avec les marques via les réseaux sociaux.

- La moitié des clients pensent que les entreprises ne se soucient pas de leurs avis !

Selon une autre étude réalisée par Gartner auprès des décideurs en entreprise :

- 95 % des entreprises collectent les commentaires des clients.
- 50 % les communiquent efficacement en interne.
- 30 % les utilisent d'une façon ou d'une autre.
- 10 % d'entre elles exploitent ces commentaires pour améliorer certains processus.
- 5 % évaluent l'amélioration de ces processus pour les affiner davantage.

La perception des clients au Royaume-Uni reflète également ce constat. Selon une enquête que menée récemment auprès de la CCA (*Customer Contact Association*) :

- Près de 90 % des clients se plaignent auprès des entreprises quand ils ne bénéficient pas du service attendu.
- Mais près de la moitié pensent qu'elles n'en tiennent pas compte ou ne se soucient pas de leurs commentaires.
- 62 % des entreprises admettent également qu'elles gagneraient à savoir ce que les clients disent d'elles sur les réseaux sociaux.

Innovation dans les avis client

Les avis des clients deviennent un argument majeur dans la politique des entreprises, tant pour fidéliser, s'améliorer, innover.

Reconnaître la qualité des clients, selon leur nombre d'avis !

■ LD C.Com

Saluons l'initiale de LDLC, site de E-Commerce qui a mis en place 2 nouvelles initiatives pour favoriser la prise de parole et la participation de ses clients :

- Des bons d'achat de 100 euros, remis par tirage au sort. Chaque avis validé permet de participer à un tirage au sort mensuel avec 3 gagnants. Les noms des gagnants et des lots et publiée sur le site.
- Plus original, un système de « grade » qui permet aux plus prolixes des clients de devenir « Général étoilé ».

Plusieurs avantages dans ce système :

- Il faut être réellement client !

- Cela évite une partie des « faux avis ». Certes, me direz-vous, je peux acheter un petit produit et noircir la réputation du site, mais là je vous répondrai que vous êtes vraiment vicieux !
- La reconnaissance du statut des clients. Un avis d'un client « Colonel » est pris avec plus de poids de part et d'autres.

■ La Fourchette

Ce système est au cœur du process d'évaluation client de la Fourchette, excellent site de réservation de tables de restaurants. Après votre repas, vous recevez un petit questionnaire d'évaluation :

- Seuls les clients ayant réellement consommé peuvent le remplir. C'est un gage de confiance pour les restaurateurs et les futurs convives : de vrais avis clients !
- Plus vous donnez d'avis plus votre statut monte !

- J'ai atteint le statut de « gastronome » ce qui dans « le marketing de l'égo » est un très bon moteur !
- Mes avis peuvent peser aux yeux des autres clients qui me lisent et des restaurants que je fréquente.
- J'ai le secret espoir d'être mieux accueilli, ce qui, en termes de lien et de relation client, place le site la fourchette en haut de mes favoris...
- Vous voyez concrètement comment ce phénomène de statut se met en place pour valoriser l'attachement à un service via les avis et la relation client.

Pensez-y dans votre site et valorisez le travail que font les clients en vous donnant leur avis !

Vos investissements publicitaires sont moins efficaces que votre réputation !

En 2011 aux États-Unis, les budgets publicitaires des entreprises ont été de 214 billions de $ mais seulement 4 % des Américains disent faire confiance à la publicité !

On investit beaucoup plus d'argent dans la publicité que dans le service à la clientèle, hors une étude montre que les recommandations et le bouche à oreilles sont une meilleure source de confiance, beaucoup plus influente aux yeux des clients.

À l'ère de Web 2.0, chaque client, satisfait ou insatisfait, fait de la bonne ou de la contre publicité aux marques et aux entreprises selon la qualité de son expérience client. Les clients ne font pas la publicité de celui qui est le premier annonceur publicitaire !

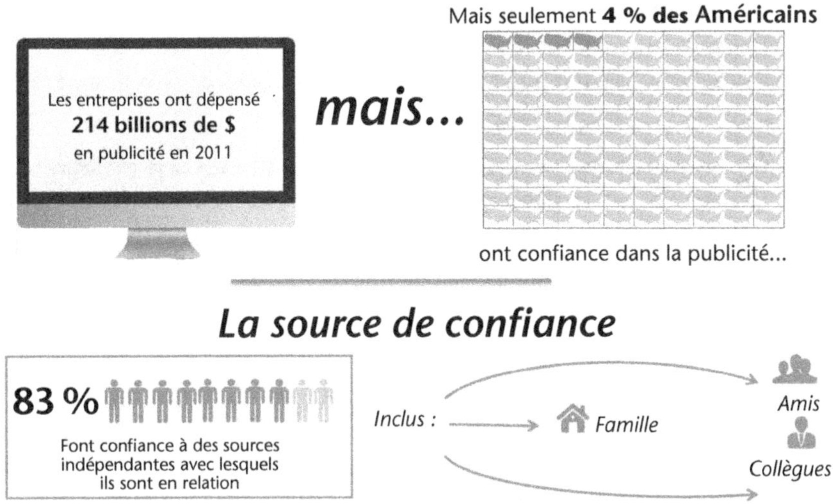

Figure 10.2 – Où est le vrai pouvoir d'influence ?

Quel est l'intérêt de ces « politiques de panier percé » où on achète des clients à coup de pub et de promo pour les voir partir après des expériences décevantes ? Les spécialistes en relation client, savent que la réputation et le bouche à oreille sont les premiers canaux de création de confiance des marques.

Il faut investir la moitié de vos budgets publicitaires dans l'optimisation du parcours client et dans la fabrication d'expériences uniques et mémorables. Vous verrez que ceux qui l'ont compris ont une rentabilité bien supérieure à la moyenne et écrasent totalement celles pour qui le client n'est « qu'une source d'ennuis ».

L'essentiel

- **La confiance dans les paroles des autres** (famille, amis, collègues, autres clients) a supplanté la confiance de la parole de l'entreprise, vous ne pouvez plus aller contre et il vous faut dorénavant jouer avec cette nouvelle contrainte !
- **La réputation de votre marque** peut être – et doit être – alimentée par les retombées positives de votre expérience client. Satisfaire, faire revenir, en parler et en faire venir d'autres, voilà les nouvelles règles du marketing social avec lequel vous devez composer.

- **Des outils existent** pour transformer vos études de satisfaction client (à chaud ou à froid) en véritables avis clients. Vous reprenez ainsi la main sur Internet en amplifiant le message de la grande majorité de vos clients satisfaits.
- **La viralité de la défection de vos clients** est une maladie mortelle qui se propage dans leur réseau de leurs relations. Vous êtes le seul à posséder le remède contre ce virus.

Chapitre 11

Des outils et des méthodes

Executive summary

- Au-delà des études quantitatives décrites dans cet ouvrage, il existe d'autres modes d'écoute et de recueil de l'opinion des clients (les études qualitatives, les QR Codes, etc.).
- Une autre façon de prendre en compte les attentes des clients est le diagramme de Kano, utilisé lors de la phase de conception d'un produit ou d'un service.

Les études qualitatives

Le monde des études marketing se divise en deux :
- les études qualitatives ;
- les études quantitatives.

Ces deux types d'études sont très complémentaires et ne visent par les mêmes buts :
- le quali sert à « comprendre » ;
- le quanti à « mesurer ».

Vous aurez besoin de l'un ou l'autre, de manière alternative ou complémentaire selon les occasions.

Avec une étude qualitative, vous analysez en profondeur les besoins et les attentes de votre marché. Il existe plusieurs sortes d'études qualitatives :
- préalables à des études quantitatives (comprendre pour construire à un questionnaire quanti) ;
- postérieures à des études quantitatives (approfondir un point mis en évidence par le quanti) ;
- études d'images (que pensez-vous de nous, quelles sont toutes le évocations de notre marque, de notre logo, de nos points de vente, etc.) ;
- de motivations et de freins à l'achat (entre notre marque et les concurrents). Dans tous les cas, une étude qualitative repose sur un échantillon de taille réduite.

Il existe plusieurs modes de réalisation :
- table ronde (entre 8 et 10 personnes dans la cible) ;
- entretien individuel (menés en face à face ou par téléphone).

Le quali ne prend pas en compte la notion de représentativité, mais met l'accent sur la compréhension des attitudes et des motivations individuelles. Avec une étude qualitative, vous écoutez votre marché d'une façon plus intime et plus approfondie. Parfois plus impliquant que le quanti et les chiffres, le quali permet de fédérer le management autour des besoins insatisfaits exprimés par les clients.

Les QR Codes « écoute clients »

Comme j'ai eu l'occasion de l'évoquer dans ce livre, les études clients sont en train d'évoluer :
- de la mesure annuelle scientifique « à froid – annuelle – sur échantillon » ;
- à des outils d'écoute client « à chaud – sur événement – permanent ».

Dans cette deuxième famille, les QR Codes sont un outil d'écoute idéal d'écoute client. Rappelons en introduction que les QR Codes peuvent être utilisés de deux façons :

- en « push » dans la promotion des produits ou des publicités ;
- en « pull » dans l'écoute clients.

QR Codes, des oreilles tout au long du parcours client

Le QR Code est un lien unique avec vos clients que vous pouvez imprimer ou afficher à toutes les occasions pour rester en écoute. On commence à voir des QR Codes partout, ils apparaissent en outil d'écoute client, la seule limite est votre imagination !

Je vous présente neuf idées de mise en place de QR Codes tout au long du parcours et de l'expérience client :

1. Sur un bon de livraison marchandise : le QR Code permettra de savoir si la livraison a été conforme.
2. Sur un nouveau produit installé ou monté chez un client (particulier ou professionnel) : un QR Code permet de signaler tout incident et de suivre la qualité délivrée en flux tendu.
3. Après une formation, un séminaire, une conférence : fini les questionnaires papiers laissés sur les tables à la fin de la cession (et non remplis – ou gardés par le formateur).
4. Dans un salon professionnel, placé à quelques endroits stratégiques (programme du salon, près des bars et des restaurants et de la sortie visiteur) pour suivre et comparer les impressions des visiteurs au jour le jour en différents espaces.
5. Dans les parkings publics, près des caisses ou des portes de sortie, comparaison et suivi de la qualité de service au jour le jour, par établissement et étage.
6. Dans les toilettes clients d'un hôtel, d'un grand magasin, pour repérer immédiatement les problèmes et y remédier au plus vite.
7. Sur le comptoir de « l'emporté marchandise » dans une grande surface de bricolage afin de suivre la qualité ou la non qualité au quotidien.
8. Dans un restaurant : un carton avec un QR Code « Content de votre repas ? » remis lors de la présentation de l'addition permet de faire une écoute permanente.
9. Chez un loueur de voiture, un QR Code dans le carnet de location permet de savoir immédiatement si le client a été totalement satisfait de son expérience.

Le QR Code est un lien permanent

Le QR Code est un lien permanent :

- pour « envoyer » des informations aux clients en *push* (sur une publicité – sur votre carte de visite – sur un emballage produit, etc.) ;
- pour faire « remonter » des informations de la part des clients en *pull*.

Il s'inscrit donc dans une véritable politique de « *Customer Care* » où chacun de vos clients aura vraiment confirmation que vous êtes à l'écoute de son expérience, que vous tenez compte de ses remarques pour optimiser la qualité de l'expérience client de tous ! Au-delà de la simple édition du QR Code, les solutions d'écoute client en point de vente proposent des systèmes de *Web Reporting* de suivi en temps réel et par localisation permettant de :

- suivre régulièrement les performances de chacun ;
- localiser les moins bonnes unités ;
- réagir au plus vite ;
- s'inspirer des pratiques des meilleurs pour améliorer la qualité de service en permanence !

Avec un simple flash code via les téléphones portables vous pouvez contribuer à créer une expérience clients unique !

QR Codes et suivi client en temps réel dans les restaurants

Le site de Bruce Temkin présente le témoignage de Nancy Wuttunee, directrice principale de « l'Excellence Opérationnelle » A & W, première chaîne de hamburgers au Canada. A & W a mis en place un nouveau système d'écoute client en temps réel. Aux États-Unis, ce type d'outil rentre dans la famille des « *People-Centric Experience Design* » (ou PCXD).

A & W Canada utilise un mode d'enquête en temps réel qui aide à avoir du feedback client via des bornes, des tablettes, des mobiles dans ses restaurants. Une des originalités du système est l'affichage des résultats en temps réel pour les employés derrière le comptoir !

Les clients sont simplement invités à répondre via un pouce levé ou pouce baissé à trois questions :

- Votre nourriture était chaude et savoureuse ?
- Le service était rapide et sympathique ?
- Le restaurant était propre ?

La chaîne A & W a été encouragée par les premiers résultats tests dans six magasins à Ottawa. L'opération s'est étendue à 50 emplacements et sera déployée à l'ensemble des 800 restaurants.

L'une des bonnes surprises est que les restaurants obtiennent beaucoup plus de « pouces en haut » que de « pouce en bas ». Contrairement aux autres sources d'écoute ou d'avis client qui récupèrent plus d'insatisfactions, ce système capte et amplifie les sentiments positifs ! Non seulement les clients sont satisfaits mais ils le confirment en sortant du restaurant, ce qui amplifie leur mémoire de cette « bonne expérience ». Le système d'écoute et de culture client suit « les pouces vers le bas » comme une source d'amélioration.

Synthèse de l'outil d'écoute client temps réel !

- Un simple tableau de bord en temps réel.
- Les clients répondent à trois questions.
- Le nombre de « Up/Down » est affiché en temps réel en *back office*.
- Les employés suivent en direct la qualité en cuisine et à l'office.
- Pas d'objectif ou d'incitation.
- Pas d'analyses avancées sur le point de vente.
- Les employés peuvent simplement voir comment leurs clients apprécient leurs efforts en temps réel et ajuster leur comportement.
- Le tableau de bord est remis à zéro au début de chaque journée.

La plupart des sociétés sautent souvent sur l'occasion de mettre des « carottes et des bâtons » sur chaque mesure du service à la clientèle ; A & W Canada a su résister à cette tentation. C'est une des originalités du système : pas d'objectifs spécifiques attachés à ces scores, l'outil est juste utilisé pour aider les employés à comprendre et suivre l'expérience de leurs clients.

Utilisation des données par le siège

La direction reçoit des rapports quotidiens de chaque restaurant, alimentés par le flux quotidien des réponses clients. Les données et les tendances sont analysées pour :

- repérer les problèmes potentiels ;
- alimenter la réflexion lors de déplacements spécifiques sur le terrain ;
- identifier les magasins à succès qui pourraient avoir des pratiques méritant d'être partagées.

La directrice de l'excellence opérationnelle explique que la culture de A & W Canada repose sur un climat de confiance mutuelle où les employés se sentent valorisés et se sont considérés comme les membres d'une même équipe. Ce programme d'écoute client n'est pas un « gadget » destiné à isoler ou fliquer les employés.

Le diagramme de Kano

Le modèle ou diagramme de Kano est un outil assez connu dans le monde de la qualité et de la satisfaction client. Je voudrais dissiper un malentendu lorsque l'on me parle du diagramme de Kano comme outil de mesure de la satisfaction client. Le diagramme de Kano est un bel outil qualité mais ce n'est pas un outil marketing.

■ Concept

C'est un outil essentiellement « qualitatif » qui repose sur des entretiens en face à face avec deux séries de questions :

- Si la fonction est présente et parfaitement opérationnelle, que ressent l'utilisateur ?
- Si la fonction est absente ou en dysfonctionnement, que ressent l'utilisateur ?

Pour chaque couple de question, l'utilisateur exprime sa satisfaction sur une échelle de trois valeurs : satisfait/neutre/insatisfait. Ce n'est donc pas un outil de mesure de la satisfaction et de l'expérience client !

Ce diagramme est le résultat d'une approche qualitative de prise en compte des attentes des clients. Il a été développé par le professeur Noriaki Kano en 1984. C'est une approche « multidimensionnelle » qui repose sur le postulat que la satisfaction et l'insatisfaction ne reposent pas sur les mêmes types de critères.

Le modèle de Kano définit trois types d'attentes clients :

1. Les attentes de base (« *must be* »). Celles-ci ne sont pas nécessairement énoncées mais causent de l'insatisfaction si ces besoins latents ne sont pas remplis (un mauvais accueil dans un point de vente, la faible autonomie du téléphone mobile, etc.
2. Les attentes proportionnelles (« *more is better* »). Également dénommées attentes de performance. Le temps d'attente au service client peut s'analyser ainsi : « moins j'attends, plus je suis satisfait ».
3. Les attentes attractives (« *delighters* »). Généralement non exprimées, ces attentes apportent un petit plus pour le client et procurent une grande satisfaction. La récompense spontanée de la fidélité d'un client en est un parfait exemple.

Limite opérationnelle

1. C'est un outil lourd à administrer. Il peut être utile en amont dans la phase « conception de produit » mais il est lourd et complexe à administrer sur un public élargi. Il s'administre classiquement en face à face, ce qui participe de sa lourdeur. Je n'ai pas entendu parler de son utilisation via Internet, ce qui pourrait éventuellement rendre son usage plus aisé...
2. Kano était un qualiticien. C'est donc un bon outil qualité dans les phases de conception très en amont, moins en marketing.
3. Il est peu opérationnel en mesure de satisfaction client, il ne fait pas de la mesure, il aide surtout à la conception.
4. Il prend en compte « les arbitrages entre des attentes » et moins le résultat d'une « expérience vécue », ce qui est du domaine de la mesure de la satisfaction.
5. Il prend en compte une projection de la « satisfaction future ou attendue » et non une « satisfaction d'expérience ou vécue ». Il se rapproche davantage de ce que nous appelons les analyses « d'importance déclarée ».
6. Il mesure donc bien les « *a priori* », pas les « *a posteriori* » !
7. Il a depuis été remplacé par des analyses statistiques de calcul d'importance (analyse bi-directionnelle ou matrice de Llossa) qui permettent d'obtenir sensiblement le même résultat sans passer par une lourde phase qualitative préliminaire.

Mode opératoire

Pour ceux qui souhaiteraient utiliser le diagramme de Kano, je renvoie au mode opératoire du livre *À la découverte du Lean Six Sigma* de Florent Fouque. Vous y trouverez un exemple d'utilisation de la matrice de Kano (ainsi que les fichiers sources pour élaborer votre propre grille d'évaluation des fonctions).

Noriaki Kano (1940)

Noriaki Kano est né en 1940 à Tokyo, il a remporté le prix Deming pour ses apports à la recherche académique sur la qualité de service. C'est un chercheur, enseignant, conférencier, écrivain et consultant dans le domaine de la gestion de la qualité. Il est professeur émérite de l'université des sciences de Tokyo et a enseigné en tant que professeur invité à l'université de Rome pendant l'année 2010-2011.

Il est le développeur d'une approche cherchant à équilibrer les différentes dimensions de la satisfaction client, approche connue comme « le modèle

Kano ». Son approche et son schéma distinguent le poids des différents attributs : basiques, essentiels ou différentiants qui sont liés aux deux grands concepts de « qualité perçue ou attendue » par les clients (comment distinguer l'essentiel de l'accessoire ?).

Au début des années 1980, Kano et ses collègues ont jeté les bases d'une nouvelle approche à la modélisation de la satisfaction de la clientèle.

Kano a remis en cause les croyances traditionnelles que l'amélioration de chaque attribut du produit ou service d'une entreprise mènera à la satisfaction accrue de la clientèle. Il pense que tous les attributs de produit ou la performance du service ne sont pas égaux aux yeux du client, et que certains attributs créent des niveaux plus élevés de fidélisation de la clientèle que d'autres.

Son ouvrage le plus connu est le *Guide à TQM dans les industries de services* (1996). Il a été le récipiendaire 1997 du prix Deming pour les particuliers, administré par l'Union des scientifiques japonais et ingénieurs (JUSE). En 1997, il a également reçu le Prix Deming Lecturer de l'*American Statistical Association*. Son papier pour la conférence annuelle de Deming est intitulé « Stratégies d'affaires pour le XXIe siècle et attrayant Création de la qualité. » Kano est également un membre élu de l'*American Society for Quality* (ASQ). Il a été le récipiendaire de deux médailles de distinction ASQ : la médaille Lancaster E. Jack en 2002 et la médaille Grant EL en 2007.

L'essentiel

- **Attention à l'usage du diagramme de Kano. Au-delà de son côté très séducteur, c'est un outil complexe à utiliser.**
- **Mixez le quali et le quanti le plus souvent possible dans vos études. Comprendre et mesurer doivent être les deux facettes de votre démarche d'écoute et de relation client.**

Avis d'expert

Claire Bonniol, directrice associée de l'Académie du Service et directrice de la rédaction du magazine *Cultures Services*

Culture de service, culture client, quel retour sur investissement ?

L'Académie du Service est le leader en France du conseil et de la formation aux entreprises pour le développement de la culture du service et l'amélioration de la relation client.

Le point de vue de l'expert

Les comités de direction des entreprises ont compris que l'orientation client est devenue un des principaux leviers stratégiques de différenciation. Certains ont compris que l'orientation client s'obtient par une démarche de changement culturel de long terme. Ils acceptent alors de consacrer des moyens pour déployer des projets au sein de leurs organisations.

La culture de service repose très largement sur le concept de symétrie des attentions©, qui consiste à donner autant d'importance à la qualité d'attention vers les collaborateurs qu'à celle portée au(x) client(s).

L'investissement dans la satisfaction des collaborateurs a-t-il un impact positif sur la satisfaction de nos clients ?

Quelques études donnent des éléments utiles. Citons l'AMARC, qui montre que seulement 47 % des entreprises mesurent la satisfaction des collaborateurs au travail, ou encore les travaux de BC Stats, qui nous apprennent que celle-ci a un impact corrélé sur la satisfaction des clients. Lorsque 80 % des employés manifestent un engagement fort, la satisfaction client est de 80 % également : les deux courbes sont indissociablement liées. Si on gagne 2 points d'engagement des employés, on peut gagner 1 point de satisfaction client (SBC Stats). On peut donc démontrer la corrélation entre engagement des salariés et satisfaction des clients.

Autre élément de réflexion, les résultats de la deuxième édition de notre étude « Les Français et le service ». On y constate un décroché entre « la résolution des problèmes de nos clients est une priorité » (86 % de taux d'accord, en baisse par rapport à 2013) et « la satisfaction des salariés est aussi importante que celle des clients » (70 % de taux d'accord, en baisse également par rapport à 2013). Autre élément de preuve que tout un champ de possibles reste encore ouvert !

Sur le terrain, quels sont les constats ?

Les entreprises ont beaucoup progressé dans le suivi d'indicateurs pour leur démarche de culture de service, nous disposons désormais d'une matière assez riche pour pouvoir vous en livrer quelques exemples.

La stratégie d'orientation client doit reposer à la fois sur le développement de l'expérience client et celui de l'expérience collaborateur.

Schématiquement, les indicateurs choisis portent sur les quatre items suivants :

- Qualité de service délivrée.

»

» • Qualité de service perçue.
• Qualité du management délivré.
• Qualité du management perçu.

Qualité de service délivrée et perçue ?

La mesure de la satisfaction des clients vient en tête.

Brink's (sécurité aéroportuaire) a choisi un projet capable d'insuffler un esprit nouveau. En moins d'un an, ils ont gagné + 9 points sur les enquêtes client mystère pour atteindre 98 %.

Essilor a intégré dans les questionnaires clients l'évaluation des attitudes relationnelles de la marque. En 2 ans, +12 points sur les collaborateurs et une augmentation de 10 points en satisfaction client, pour atteindre 90 % de clients « très et complètement satisfaits ».

Nocibé a aussi constaté une progression significative du taux de satisfaction lors des visites mystères et une progression significative du taux de transformation en vente.

Qualité de management délivré et perçu ?

Symétrie des attentions© oblige, la mesure interne est une condition indispensable pour que les efforts vers les clients soient durables.

L'engagement des collaborateurs passe d'abord par le fait de pouvoir « embarquer » le plus grand nombre de personnes possible. Brink's a impliqué 25 % de ses collaborateurs dans la définition de sa signature relationnelle et des rituels de service associés.

ERDF Sud-Ouest mesure la bonne mise en œuvre des rituels de service et de management. La culture de service représente une transformation interne profonde que les chiffres traduisent : 73 % des agents se disent fiers du service rendu

Le retour sur investissement de la culture de service se mesure sur l'amélioration de l'esprit d'initiative des collaborateurs, la qualité de la relation managériale et la baisse de l'absentéisme.

Voici donc des exemples qui aideront à convaincre les comités de direction qu'un ROI est possible sur les démarches de culture de service.

Index

74310 – (II) – OSB 90° – NOC – JOS
Dépôt légal : janvier 2016
Suite du tirage : juillet 2016

Achevé d'imprimer par Dupli-Print
N° d'impression : 2016062825
www.dupli-print.fr

Imprimé en France